edition suhrkamp

Redaktion: Günther Busch

Franz Xaver Kroetz, dessen Stücke sich durch Kompromißlosigkeit und Genauigkeit charakterisieren – genau in der Beobachtung, kompromißlos in der Wahl des zu untersuchenden Wirklichkeitsausschnittes –, hat seine Perspektive geändert. Nicht mehr ländliches Proletariat kommt ins Blickfeld, sondern Menschen, die, statistisch betrachtet, als Beispiele für den Durchschnitt stehen könnten.

Die Situation, die Kroetz in *Oberösterreich* vorführt, scheint typisch. Er ist Ausfahrer, sie Verkäuferin. Der Beruf frustriert, und man träumt sich hinaus in die scheinbar weite Welt des Fernsehens. Sie wird schwanger, zufällig. Man beginnt zu rechnen und sieht ohne ihren Mitverdienst das ökonomische Gleichgewicht der Familie zusammenbrechen. Also schlägt er vor, das Kind abzutreiben. Denn er begreift, daß er dem Kind genau das nicht geben kann, was er sich selbst am sehnlichsten wünscht: ein größeres Maß an Selbstbestimmung, ein wenig mehr Freiheit.

Dolomitenstadt Lienz nennt Kroetz eine Posse mit Gesang. Drei Männer, die in einer Gefängniszelle Auskunft geben über das, was sie hierhergebracht hat. Ihr Reden und Tun zeigt präzise die dumpfe Fatalität an, durch die sie die Verhältnisse bestimmt sehen. Mit Liedern, die ihre soziale Situation verdeutlichen, bricht Kroetz den veristischen Zug des Stückes.

Die Bearbeitung von Hebbels *Maria Magdalene* scheint weniger erstaunlich als konsequent. Zwischen dem Realisten Hebbel und Kroetz gibt es Berührungspunkte. Gleichwohl ist das, was man unter dem weiten Begriff der Bearbeitung fassen kann, eine spezifisch Kroetzsche Anverwandlung des Stoffes geworden. Weil Kroetz die Geschehnisse in der Gegenwart spielen läßt, konnte bzw. mußte das Stück anders enden. Die fatale Abhängigkeit von der Meinung der normsetzenden Umwelt ist geblieben, aber man stirbt nicht mehr für ein uneheliches Kind. Die Unfähigkeit der Marie, ihr Leben selbst zu bestimmen, ist jedoch die gleiche.

Eine Ballade nennt Kroetz die letzte Arbeit *Münchner Kindl.* Ein Stück im üblichen Sinne ist es nicht. Kroetz will Informationen vermitteln und benutzt dazu die verschiedensten sprachlichen und szenischen Techniken. Der agitatorische Punkt ist klar markiert: die Wohnungsnot vieler angesichts des Überflusses einer kleinen Zahl unglaublich reicher Leute. Ein Text, der die Entwicklung aufzeigt, die Kroetz genommen hat: von der »bloßen« Darstellung der Unterdrückten zum direkten politischen Begriff.

Franz Xaver Kroetz

Oberösterreich
Dolomitenstadt Lienz
Maria Magdalena
Münchner Kindl

Suhrkamp Verlag

edition suhrkamp 707
Erste Auflage

Printed in Germany. Satz, in Linotype Garamond, Druck und Bindung bei Georg Wagner, Nördlingen. Gesamtausstattung Willy Fleckhaus.

Inhalt

Oberösterreich

Personen

Anni
Heinz

Zum Bühnenbild

Viele Szenen spielen in der Zwei-Zimmer-Küche-Bad-Wohnung. Sie könnte simultan aufgebaut sein. Ein anderer Schauplatz auf der Bühne könnte für alle Szenen außerhalb der Wohnung benützt werden.
Das wäre technisch sparsam und dramaturgisch vernünftig.

Zum Dialekt

An Süddeutsch angelehnt, also relativ ungebunden und lediglich in der Grammatik sehr eigenständig bayrisch.
Keinen süddeutschen Dialekt beherrschende Schauspieler müssen die Sprache als Kunstsprache betrachten und herstellen.

Erster Akt

Erste Szene

Im Wohnzimmer vor dem Fernseher. Anni und Heinz. Die Sendung ist gerade zu Ende gegangen …

HEINZ Des wars.

ANNI Schaltn mir aus?

HEINZ Genau, wo mir ›heute‹ schon gsehn ham. *Er steht auf und schaltet den Fernseher aus, macht das große Licht an.*

ANNI Schön is wieder gwesn, gell.

Heinz nickt. Pause.

ANNI Was die jetz machn?

HEINZ Wer?

ANNI Was die jetz nach der Sendung machn, das tät mich interessiern.

HEINZ Warum?

ANNI Wo es eine live-Sendung is.

HEINZ *lächelt:* Genau.

ANNI Wien.

HEINZ Eine Kaiserstadt.

ANNI Einmal fahrn mir auch nach Wien, gell.

HEINZ Münchn is eine Königsstadt, aber Wien is eine Kaiserstadt, heißt es.

ANNI Und wie.

HEINZ Sieht man eh auf die Bilder.

ANNI Fahrn mir einmal nach Wien?

HEINZ Wennst es willst, das is keine Affäre.

ANNI Ebn.

HEINZ Vierhundert Kilometer. Da redt man ned drüber.

ANNI Ich möchert schon fahrn.

HEINZ Brauchst es bloß sagn.

Pause.

ANNI Essn gehn werdns jetz.

HEINZ In ein Nobellokal.

ANNI Genau. Da hams schon einen Tisch reserviert und das ganze Lokal wartet natürlich nur auf sie. Auf wen denn sonst. Und wenn die Sendung ein Erfolg war, dann werdns dementsprechend empfangen in dem Lokal.

Pause.

HEINZ Aber nicht allein.

ANNI Überhaupts ned. Ein ganz großer Tisch in einem Nobellokal. Mit viele Freunde und andere sitzns bis in der Früh und feiern den Erfolg der war. – Ich möchert schon einmal nach Wien!

HEINZ Gfallt er dir der Schönherr?

ANNI So mein ich es ned, bloß anders.

HEINZ Weils etwas ham die zwei was einem imponiert und mitreißt. Man vergißt sich selber ganz. Das is das Schöne daran, was Mut macht.

ANNI *lächelt:* Genau.

Zweite Szene

In der kleinen Küche am Abend. Anni macht das Abendessen. Heinz schaut einen Prospekt der Gartenfirma Versand GmbH an. Anni schaut Heinz über die Schulter in den Prospekt.

ANNI Wenn mir jetz einen Gartn hättn, tät man sich einen schwimming-pool kaufn.

HEINZ Weil es ein Sonderangebot is.

ANNI Aber schön. – Das ladet richtig ein zu einem Bad.

HEINZ Genau. *Liest.* Dieses Schwimmbecken mit einem Durchmesser von vier Meter fünfzig liefern wir Ihnen einschließlich Filteranlage und Steigeleiter zu dem sensationellen Preis von DeMark neunhundertfünfzig. Im Karton verpackt. – Einfachste Selbstmontage nach Anleitung. Die Filteranlage entspricht den deutschen Sicherheitsbesimmungen.

ANNI Schwimmbeckenheizungen gibt es auch.

HEINZ Genau. *Liest.* Lieferbar auf Anfrage.

ANNI Wenn mir uns ein Schwimmbeckn kaufn tätn, weil mir einen Gartn habn, tät man auch eine Heizung brauchn.

HEINZ Die wird aber ned billig sein, die Heizung.

ANNI Na.

HEINZ Sonst tät nämlich ned dastehn: auf Anfrage. Sonst tät ein Bild und ein Preis drin sein.

ANNI Aber wenn es ein kalter Sommer sein tät, tät man angewiesn sein auf eine Heizung.

HEINZ Dann schon. Es gibt sogar einen Springbrunnen. Schau! *Er blättert um.*

ANNI Ein schwimming-pool wär mir aber lieber.

HEINZ Nur als Beweis, was es alles gibt. *Liest.* Heißner-Springbrunnen die Zierde jedes Gartens. Ente aufrecht, einundvierzig Zentimeter siebenunddreißig Mark. Ente gebückt, zweiundvierzig Zentimeter auch siebenunddreißig Mark. Seehund dreiundvierzig mal vierunddreißig Zentimeter dreiundneunzig Mark.

ANNI Einen Seehund tät man vielleicht wolln, aber eine Ente nicht.

HEINZ Nein. *Lacht.* Keine Ente.

ANNI Jetz tust den Prospekt weg, daß ich anrichtn kann.

HEINZ Genau. Lieber gut gegessn als schlecht geträumt.

ANNI Ein schwimming-pool is kein Traum, wo es so viele gibt, die ein habn.

HEINZ Einen Gartn braucht man dazu, das is es.

ANNI Ein Traum tät sein, wenn sich einer eine eigene Insel im Meer ausdenkt.

HEINZ Eine Lagune.

ANNI Genau. *Nimmt ihm den Prospekt weg.* Jetz wird gessn, sonst is kalt und schmeckt nimmer. *Sie richtet an: Lauch, Rindfleisch und Bratkartoffeln.*

HEINZ Bore.

ANNI Schmeckt wie Spargl, wo er viel billiger is.

HEINZ *probiert:* Schmeckt!

ANNI Und nicht teuer.

HEINZ Weil mir uns keinen Spargel leistn können!

ANNI Wenn der Bore genauso schmeckt und billiger is.

HEINZ Weil du kochn kannst.

ANNI Eine gute Köchin spart der Familie Geld und beschert ihr höchste Genüsse.

HEINZ So ein Schmarrn.

ANNI Wenn es so heißt.

HEINZ Schmarrn.

Anni lacht. Heinz lächelt. Sie essen.

HEINZ Aber Eignlob stinkt.

ANNI Wenn man was hat braucht man sich deswegn nicht zum Schämen.

HEINZ Der Johanser hat seinen neuen Manta.

ANNI Warum?

HEINZ Da hat er sich extra zwei Stundn freignommen, daß er ihn eignhändig abholn kann.

ANNI Hast ihn schon gsehn?

HEINZ Wenn er gleich damit in die Firma is.

ANNI Welche Farb?

HEINZ Zitronengelb heißt das, obwohl ich es ihm ned glaubt hab.

ANNI Schön?

HEINZ Is ein Auto der Manta. Wo er den Sechzehnhunderter hat mit achtundachtzig PeeS. Da tätn mir nimmer mitkommen, wenn es ein Wettrennen gebn tät. *Lacht.*

ANNI Weil unser Kadett kein schönes Auto is!

HEINZ Aber ein Massnauto und kein Vergleich. Da tät man schon einen Capri brauchn, daß man mitkommt. Der Zweitausender, der macht es.

ANNI Wo ein Auto ein Gebrauchsgegenstand is und sonst nix.

HEINZ Ned ganz.

ANNI Und was ich im Haushalt spar, weil ich Fähigkeitn hab, das gibst du für das Auto wieder aus.

HEINZ Wo das Auto uns mitnander gehört. Jeder die Hälfte.

ANNI Sag eh nix, aber vorbaun will ich.

HEINZ Wenn der Kadett nicht so ein Massnauto wär, wär er richtig.

ANNI Das is doch gleich, wo er uns ghört.

HEINZ Wenn mir morgn beim Kegeln sind, kannst ihn dir anschaun, den Manta, wenn der Johanser auch kommt. Wo er das neue Auto hat, kommt er bestimmt. Das is natürlich.

ANNI Wenn ich dableibn tät, könntn die Vorhäng genäht sein.

HEINZ Die Kollegn ham auch die Fraun dabei, wo mir einmal im Monat kegln. Wie das ausschaut.

ANNI Du kannst ja sagn, daß ich bloß daheim bin, weil ich die neuen Vorhäng näh. Daß zu Ostern drauf sind. *Pause.*

HEINZ Magst ned mitgehn?

ANNI Das Zuschaun is fad auf die Dauer.

HEINZ Und wenn ich der Beste bin?

ANNI Weil du der Beste bist! *Nickt.*

HEINZ Es letzte Mal hab ich fünf Mark gewonnen! *Pause.*

ANNI Willst es unbedingt habn, daß ich mitgeh?
HEINZ Man kann niemandn zu seinem Glück zwingen.
ANNI Wennst es mir versprichst, daß du ned mehr wie zwei Maß trinkst und mir um zwölfe gehn.
HEINZ An etwas anderes is nicht gedacht.
ANNI Dann geh ich mit und näh die Vorhäng am Wochnende.
HEINZ Ebn, das lauft dir ned davon.
ANNI Is dein Fleisch ned weich? Meines schon.
HEINZ Freilich, warum denn nicht?
ANNI Weilst ned ißt.
HEINZ Ich iß schon.
ANNI Das muß auch weich sein, wo ich es extra beim Metzger kauft hab und nicht beim Tenglmann.
HEINZ Genau.

Dritte Szene

Am Starnberger See in einem Strandcafé auf der Seeterrasse. Anni und Heinz bei gutem Wetter und Ostern.

ANNI *schaut auf einen Nachbartisch:* Das nennt man Flambiern, gell?
HEINZ Ned so laut, sonst hört man es, daß mir es ned wissn.
ANNI Aber man nennt es Flambiern.
HEINZ Freilich. Aber wenn man es weiß, braucht man es ned erwähnen, sonst merken die andern, daß man es nicht gewohnt is, weil man so hinschaut.
ANNI Hättn mir halt auch etwas gessn, was flambiert wird.
HEINZ Die Gerichte, die flambiert werdn, sind die teuersten, das is bekannt, weil die Schönheit ihren Preis hat.
ANNI Das Gulasch war auch gut.
HEINZ Ebn.
ANNI Obwohl man sich am Ostersonntag schon einmal eine Ausnahm leistn könnt.
HEINZ Es geht ned ums Leistn, sondern ums Sparn. Leistn kann man sich alles, wenn man nicht sparsam is.
ANNI Alles ned.
HEINZ Aber vieles. Und wenn man sparsam is, dann können mir uns hin und wieder etwas leistn, was man sich eigentlich nicht erlaubn könnt. Denk an den Wohnzimmerschrank mit zwölfhundertdreiundachtzig Mark.

ANNI Der reut mich nicht.
HEINZ Natürlich nicht. Das is ein bleibender Wert.
Pause.
ANNI Jetz redn mir nicht vom Geld, wo so ein schöner Tag is.
HEINZ Du hast angfangt.
ANNI Ich hab bloß vom Flambiern gredt.
HEINZ Und ich hab gesagt, daß das sehr teuer is, so ein Gericht mit Flambierung. Das sieht man doch.
ANNI Ja.
Pause.
Ich schau schon längst auf das Wasser und hab das Flambiern vergessn.
HEINZ Genau. Willst eine Dampferrundfahrt machn?
ANNI Wo der Himmel »stahlblau« is. *Nickt.*
HEINZ Ebn. Ich kann mich ja einmal erkundign, was das kost, eine Rundfahrt und wie langs dauert.
ANNI Daß mir rechtzeitig wieder daheim sind.
HEINZ Ebn.
ANNI Aber schön könnt es schon sein, so eine Dampferfahrt. Vielleicht ein unvergeßlicher Eindruck, wo ein Ostern mit strahlender Wärme und Frühlingssonnenschein is.
HEINZ Dabei hams im Fernsehn gsagt, daß mir eine neue Eiszeit kriegn.
ANNI Warum?
HEINZ Mir gehn einer neuen Eiszeit entgegen, hat ein Metereologe gsagt.
Pause.
ANNI Das glaub ich nicht. *Verneint.*
HEINZ Ich auch nicht.

Vierte Szene

Im Schlafzimmer in der Nacht. Anni und Heinz beim gewöhnlichen Geschlechtsverkehr.
ANNI Bist gar nicht bei der Sach.
HEINZ Red ned.
Pause.
ANNI Das merkt man als Frau ganz genau.

HEINZ So wie man is, is man.

ANNI Niemand kann aus seiner Haut fahrn, aber einen gutn Willn kann man habn, wenn man will.

HEINZ Eh.

Pause.

ANNI Bist müd?

HEINZ Ja.

ANNI Dann laßn mir es doch gut sein. Zwingen soll man sich nicht, das verdirbt bloß die Lust.

HEINZ Genau.

ANNI Gehst außer, wennst es ned willst.

HEINZ Wo noch gar kein Genuß war.

ANNI Ich brauch keinen Genuß heute.

HEINZ Ich auch nicht.

ANNI Ebn.

Sie gehen auseinander. Pause.

HEINZ Wenn ein Mann seine Frau nicht befriedigen kann, kann sie nicht glücklich werdn. – ?

ANNI Die glücklichn Gefühle braucht es nicht immer, das kann ich dir ganz verläßlich sagn.

HEINZ Aber es gibt Verbindungen, da is die Frau bei jedem Mal glücklich.

ANNI Das sind Ausnahmen.

Kleine Pause.

HEINZ Du bist keine Ausnahme.

ANNI Nein, ich nicht. Jednfalls nicht in dieser Beziehung.

HEINZ Ich auch nicht.

Pause.

ANNI Ausnahmen sind seltn.

HEINZ In der Firma erzählns, der neue Abteilungsleiter vom Einkauf hat einer Putzfrau von hint unter den Rock griffn, wies auf alle viere putzt hat.

ANNI Der Neue?

HEINZ Genau. Der jugoslawischn Putzfrau, die wo noch jung is und nicht häßlich. Einfach beim Vorbeigehn von hintn ein Griff genau hin. Und die hat keine Anzeige gemacht, heißt es, bei der Polizei oder Firmenleitung.

ANNI Warum?

HEINZ Was weiß man, was in einem Menschn vorgeht. Mir geht das nicht aus dem Kopf. Seit ich es weiß.

ANNI Woher weiß man es, wenn die Putzfrau keine Beschwerde gemacht hat.

HEINZ Rumgesprochn hat es sich ebn.

ANNI Wenn es niemand gesehn hat.

HEINZ Vielleicht hat es jemand gesehn und nicht weggeschaut.

ANNI Bei uns in der Abteilung is davon nix bekannt.

HEINZ Mir hat es der Johanser gesagt, auf dem Klo. Klogeschichten, aber wahr! Wie in der Schul, wie mir Kinder warn und über uns die Lehrer.

ANNI Das tätn mir auch wissn.

HEINZ Aus der Luft griffn is es nicht.

Pause.

Verstehst?

ANNI Was?

HEINZ Daß du aufpassn sollst, wennst du dem zufällig über den Weg laufst.

ANNI Wo ich keine Putzfrau bin.

HEINZ Im Verkauf kann das auch passiern.

ANNI Weil mir auf alle viere arbeitn, so ein Schmarrn.

HEINZ Man kann einer Frau auch unter den Rock greifn, wenns steht.

ANNI So ein Schmarrn. Unsereiner weiß schon, was er sich schuldig is.

HEINZ Man redt ja bloß. Den hams mit dreitausend brutto eingstellt, heißt es.

ANNI Ein Abteilungsleiter is ein Abteilungsleiter.

HEINZ Ebn, das mein ich ja.

Fünfte Szene

Anni und Heinz beim Sonntagsspaziergang. Schönes Wetter.

ANNI Ein gschenkter Tag.

HEINZ Sonntag ebn.

ANNI Ja.

Sechste Szene

Am Abend im Wohnzimmer. Heinz und Anni sitzen bei einer Flasche Wein und feiern den Hochzeitstag.

HEINZ Es gibt Männer, die vergessn es.

ANNI Du nicht.

HEINZ Nein, weil ich aufpaß.

ANNI Den muß man auch feiern, einen Hochzeitstag, sonst hätt das ja alles gar keinen Sinn.

HEINZ Nein.

ANNI Is eine lange Zeit drei Jahre, wenn man es genau nimmt.

HEINZ Kaum dreht man sich um, is ein Jahr vorbei.

ANNI Das is übertriebn. Aber wenn man glücklich und zufriedn is, dann eilt die Zeit ebn.

HEINZ Bist glücklich?

ANNI Warum denn nicht?

HEINZ Ebn. *Nickt.*

Pause.

Was hättst denn gmacht, wenn ich dich damals nicht gnommen hätt. *Lacht.*

ANNI *lacht ebenfalls:* Mei, einen andern hätt ich auch gfundn.

Pause.

HEINZ Laßt einem keine Freud.

Pause.

ANNI Warum?

HEINZ *lächelt:* Weil man der einzige sein will, was denn sonst.

ANNI Weilst du ned der einzige bist.

Pause.

Bist der einzige, eh. *Pause.*

HEINZ Aber wenn ich ned gwesn wär, wär ein anderer gwesn.

ANNI Das is immer so. *Pause.*

HEINZ Zufall.

ANNI Zufall is es nicht, aber Bestimmung.

Pause.

HEINZ Illusionen braucht der Mensch.

ANNI Mir ham doch eh so viel Illusionen, daß mir uns nicht beklagen können.

Pause.

ANNI So eine Obstschale hab ich mir nämlich schon lang gwünscht.

Heinz nickt.

Anni steht auf, geht in die Küche, kommt mit zwei Äpfeln und einer Zitrone zurück. Provisorisch. *Legt die Äpfel und die Zitrone gleichmäßig in die Schale.*

HEINZ Grapefruit.

ANNI *nickt, nimmt die Obstschale vom Tisch und stellt sie auf den Schrank:* Die hat noch gefehlt. *Betrachtet sie.*

HEINZ Ja.

Zweiter Akt

Erste Szene

In der Küche am Abend. Anni hat nach dem Essen aufgeräumt. Heinz hört Nachrichten.

ANNI Gehn mir ins Wohnzimmer, weil ich dir etwas sagen muß.

HEINZ Warum?

ANNI Wirst es schon sehn.

HEINZ Zerscht den Wetterbericht.

ANNI Wenn ich es nimmer erwartn kann.

HEINZ Wennst es willst. *Er schaltet das Radio aus.*

Sie gehen ins Wohnzimmer.

ANNI Meine Mutter hätt jetz zum Papa gsagt, daß er sich hinsetzn soll, weils ihm was zum Sagn hat.

HEINZ Wennst es willst.

ANNI Sitz dich hin Heinz, ich muß dir was Wichtiges mitteiln.

Heinz setzt sich.

HEINZ Feierlich.

ANNI Das is auch notwendig. Aber du darfst nicht beleidigt sein, wenn ich es dir sag.

HEINZ Bestimmt ned.

ANNI Versprich es.

HEINZ Genau, was hast angstellt.

ANNI Dreimal darf man ratn.

HEINZ Wenn mir nix einfallt.

ANNI Eine Überraschung ist das beste. Außerdem wärst nie drauf kommen, weil ich dich auf die falsche Fährte gesetzt hab.

HEINZ Warum?

ANNI Weil du ein Vater wirst, weil ich eine Mutter werd.

Pause.

Du und ich.

Pause.

Mir werdn Eltern weil ich schwanger bin.

Große Pause.

HEINZ Wo mir immer aufpassn mitnander.

ANNI Is das alles, was du zum Sagn hast.
HEINZ Wenn es wahr is.
ANNI Einmal muß es passiert sein, wenns jetz so is.
HEINZ Seit wann?
ANNI Im zweitn Monat bin ich sagt der Doktor.
HEINZ Bist beim Doktor gwesn.
ANNI Mit halbe Wahrheitn tät ich nix behauptn.

Pause.

Ich hab eine Flaschn Sekt kauft, daß mir es feiern. Im Kühlschrank stehts.

HEINZ Wo ich keinen Sekt mag.
ANNI So was passiert nicht alle Tage, drum muß man es feiern.

Pause.

Freust dich?

HEINZ Warum denn nicht.
ANNI Dann holst den Sekt und machst ihn auf.

Heinz tut es, Anni holt Gläser.

Schweigen.

ANNI Noch eine kleine Überraschung hab ich, die hätt ich beinah vergessn. *Sie geht in die Küche, nimmt aus dem Kühlschrank eine Schüssel, trägt sie mit zwei kleinen Tellern ins Wohnzimmer.* Weißt, was ich gemacht hab, zur Feier des Tages? Einen Krappnsalat, das is der Lieblingssalat vom Curd Jürgens.
HEINZ Woher weißt du das?
ANNI Das is mein Geheimnis.

Zweite Szene

Früher Morgen. In der Küche. Heinz und Anni vor dem Zur-Arbeit-Gehen. Anni steht am Fenster. Draußen schneit es große, wäßrige Flocken.

ANNI Zieh den warmen Pullover an Heinz, weil es schneit.
HEINZ Es schneit, aber kalt is es nicht.
ANNI Wenn es schneit, muß es unter null Grad haben, sonst müßt es regnen.
HEINZ Nein, weil das nur vorübergehend is. Der Flugwind macht die Kälte. Wenn der Schnee ankommt auf der Erdn, dann taut er, wie man überall sehn kann.

ANNI Ja.

HEINZ Im April haltet der Schnee nimmer, das is Gesetz.

ANNI Wenn es aber doch stimmt, daß mir einer neuen Eiszeit entgegengehen.

HEINZ Heuer nimmer.

ANNI Nein.

Pause.

Wenn man in die Flockn schaut, kann man sich nicht konzentriern.

HEINZ Ich schon.

ANNI Weilst nicht richtig neinschaust. Ich schau hinein und verlier die Orientierung.

HEINZ Weilst eine Frau bist.

ANNI Im nächstn Winter eine Mutter. *Lacht.*

HEINZ Ich bin im Mai *Pause.*

– Geburtstag!

ANNI Glaubst, das vergiß ich, wos schon bald is.

HEINZ In fünf Wochn.

ANNI Ich hab mir schon eine Überraschung ausgedacht. Wirst schaun.

HEINZ Jetz muß gangen sein, sonst kommen mir zu spät.

ANNI Genau.

Sie ziehen sich die Mäntel an, prüfen, ob alles ausgeschaltet ist, etc. gehen zur Haustür, gehen.

ANNI Obs heut den ganzn Tag durchschneit?

HEINZ Am Abend weißt es.

ANNI Warum?

HEINZ Wenn viel Schnee is, hat es viel geschneit und sonst nicht.

ANNI Aber ob es durchgeschneit hat, weiß man deswegn nicht.

HEINZ Schaust in der Firma immer aus dem Fenster.

ANNI Da tätns mir aber was verzähln.

HEINZ Weilst neugierig bist.

ANNI Es interessiert mich halt, was passiert auf der Welt. Schnee, Sonne, Regen. Auf dem Laufenden muß man sein.

HEINZ Unter der Wochn is das egal.

ANNI Wost du mit dem Auto fahrn mußt.

HEINZ Trotzdem.

ANNI Du bist ebn den ganzn Tag draußn, da merkst du die

Selbständigkeit ned, die du hast. Ich schon, weil mir im Verkauf keine ham.

Heinz macht die Tür hinter Anni zu.

Dritte Szene

Sonntag nachmittag. Heinz schaut Sportberichte an im Fernsehen. Anni strickt.

HEINZ Sodbrennen hab ich.

Pause.

ANNI Nimmst ein Bullrichsalz, dann vergehts.

Pause.

Weilst zuviel trinkst.

HEINZ Das wer ich schon wissn, was ich trink.

Pause.

ANNI Das weißt ebn ned.

Pause.

Aber ein Bullrichsalz hilft. Soll ich es dir bringen?

HEINZ Ja.

Anni steht auf, legt das Strickzeug auf den Tisch, geht in die Küche, holt aus einem Schränkchen das Bullrichsalz und füllt ein Glas Wasser ab, bringt es ins Wohnzimmer.

ANNI Da.

HEINZ *einen Löffel suchend:* Löffel hast kein mitbracht.

ANNI Dann hab ich ihn vergessn. *Sie geht noch mal in die Küche, bringt ein Kaffeelöffelchen.*

HEINZ *nimmt einen schwachen Löffel Bullrichsalz, trinkt das Wasser:* Untn. *Er setzt sich wieder zum Fernsehen.*

Anni strickt wieder weiter. Heinz schaut ihr zu. Pause.

Strickst?

ANNI Genau.

Pause.

HEINZ Hast lang nimmer gstrickt, wost mir eine Jackn versprochn hast.

ANNI *lächelt:* Wirst es schon derwartn müssn.

Pause.

HEINZ Das wird aber keine Jackn, wost strickst.

ANNI Was der alles sieht.

Pause.

Genau wird das eine Jackn.
Pause.

HEINZ Klein.

ANNI Und wie! *Lacht.*
Pause.

HEINZ Werd das ein Gwand von ihm?

ANNI *lacht:* Ich probier es. Nach der Babyvorlage. Schau her. *Zeigt ihm den Schnitt.*

HEINZ Nett.

ANNI Und einmal etwas Neues. Deine Jackn kommt schon auch noch. Alles zu seiner Zeit, wo mir das jetz einen Spaß macht.

HEINZ Den Spaß soll man die Leut lassn.

ANNI Ebn. Wos eh in Sommer geht.

HEINZ Noch nicht.

ANNI Aber bald.

HEINZ Ja. *Pause.*

ANNI Schau, das is der Rückn. *Zeigt das Gestrickte.*

HEINZ Ganz klein.

ANNI *lacht:* Sehr klein. *Strickt weiter.*
Pause.

HEINZ Ein Kind tät nicht schlimm sein.

ANNI Das sag ich auch. Man muß sich bloß an den Gedankn gewöhnen und alles is in einem andern Licht.

HEINZ Wenn man nicht tiefer bohrt.
Pause.
An unsere Situation muß man denkn.
Pause.

ANNI An was denkst?

HEINZ An unsere Situation muß man denkn.

ANNI Was du immer denkst.

HEINZ Nix.
Pause.

ANNI Wie der Mensch sich verändert.

HEINZ Wer?

ANNI Du.

HEINZ Weil ich mich ned hinausseh.

ANNI Deswegn braucht man sich ned verändern, bloß, weil man sich nicht hinaussieht.
Pause.

HEINZ Raum braucht der Mensch, das is es.
ANNI Warum?
Pause.
HEINZ Wenn ich studiern hätt können, ich wär schon was wordn.
Pause.
Glaubst?
ANNI Warum denn nicht.
HEINZ Das is es.
Pause.
ANNI Dann hättn mir uns aber überhaupts nie kennenglernt, wenn du studiert hättst. *Lacht.* Studentn kenn ich überhaupts keine. Nie.
HEINZ Ich schon.
ANNI Da wärst du gar ned in Betrieb kommen, da wärst du ja – halt ganz woanders.
HEINZ Ein Ausfahrer wär ich nicht.
ANNI Bestimmt ned. Oder höchstens in die Semesterferien.
HEINZ *lacht:* Genau!
Pause.
Wissnschaftler oder so was.
Pause.
ANNI Aber ein anständiger Mensch kann man in jedm Beruf sein.
HEINZ Aber schön is es nicht.
ANNI Warum?
HEINZ Ich möchert etwas habn, was mir ganz allein gehört.
ANNI Was?
HEINZ Etwas Bsonders.
Pause.
Was Außergewöhnliches. Genau.
Pause.
ANNI Eine Insl im Meer? *Lacht.*
Pause.
HEINZ Bestimmt ned. Wenn ich in der Früh in der Firma anfang, den Wagn start und an die Rampn fahr zum Aufladn, dann denk ich mir, da sind jetz noch dreißig nebn dir. Da müßt etwas sein, was mir ganz allein gehört, was kein anderer hat. Wegn der Erkennung, verstehst.
ANNI *lacht:* Mich.

HEINZ Trotzdem.

Pause.

ANNI Mir sind der gute Durchschnitt, da muß man sich abfindn.

Pause.

Die Großn hams auch ned leicht.

Pause.

Am bestn fahrt man, wenn man zufriedn is, Heinz.

Pause.

Oder nicht?

HEINZ Mir is manchmal, wenn ich am Steuer sitz, oder auch im direktn Verkehr mit die Kundn, der ja persönlich sein muß, wie es heißt, als wär das gar ned ich, als wär das irgendeiner, der keine Bedeutung hat. Ich.

Pause.

ANNI Wenn man so viel nachdenkt wie du, das is auch schon eine Auszeichnung.

HEINZ In der Arbeit is das noch verständlich, weil man nicht mit dem Herzn dabei is.

Pause.

Aber manchmal, wenn wir zwei beinand sind, weil es zu die Intimitäten kommt, is wie in der Firma.

ANNI Wer?

HEINZ Man macht etwas, irgendeiner der zufällig man selber is, sozusagn, und das ham schon Millionen vorher gmacht, ganz genauso.

Pause.

Keine Persönlichkeit dahinter.

ANNI Das sagt man ned.

Pause.

Die Liebe is ein Geheimnis und das laß ich mir von niemand nehmen.

HEINZ Du glaubst ebn, daßd was Bsonders bist, bloß weilst schwanger bist. Das is ja der Irrtum.

ANNI Nein.

HEINZ Wenn es bekannt is.

ANNI In dieser Beziehung bin ich ganz anders, das merkt ein jeder, der Augn im Kopf hat.

Vierte Szene

Anni und Heinz in den Ehebetten. Mitten in der Nacht. Dunkel.

ANNI Zufrieden muß man sein.

Pause.

Unzufriedenheit is eine Krankheit, heißt es.

HEINZ Müd bin ich, sonst nix.

ANNI Kannst nicht schlafn?

HEINZ Nein.

ANNI Ich auch ned.

Pause.

Dann redn mir.

HEINZ Wenn man müd is.

Pause.

ANNI Daß du das so schlimm nimmst, ein Kind. Andere Leut wärn froh, wenns ein Kind kriegn tätn, die tätn weiß Gott was dafür gebn.

HEINZ Bei andere Leut is alles ganz anders.

ANNI Unbedeutend.

HEINZ Hast du eine Ahnung.

Pause.

So mancher andere, den mir gar ned vermutn, hat mehr Zeit, daß er sich alles genau überlegn kann, und ned erst mittn in der Nacht, weil man aufgwacht is. Wo eim der Schlaf in der Firma dann abgeht. Wo man sie am eigenen Leib nachher bezahlt, die Extratourn.

ANNI So schlimm is es auch ned.

HEINZ Aber lästig.

Pause.

Die Zeit zwischn der Arbeit is zu kurz. Man kommt nicht richtig zu sich die ganze Woch.

ANNI Aber das Wochnende.

HEINZ Das gilt nicht, weil das is unabänderlich.

ANNI Ich kann mich nicht beklagn.

HEINZ Man kommt nicht zu sich, auf keinen grünen Zweig.

ANNI Mittn in der Nacht.

HEINZ Aufstehn müßt man können und –

Pause.

– soweit die Füße tragn. *Lächelt, nickt.*

ANNI Wohin?

HEINZ Wohin man will. Paris oder Indien und New York. Die Auswahl is groß für jemand, der die Welt noch nicht kennt.

ANNI Und mich im Stich lassn, mit dem Kind!

HEINZ Wer redt denn vom Im-Stich-Lassn. Das is doch ganz was anders. Eine Fantasie. Genauso, wie wenn ich in einem Büro arbeitn tät, als Ingenieur, wo man sich in der Früh an den Schreibtisch sitzt und geht aufd Nacht wieder heim. Unverändert.

Große Pause.

ANNI Du bist ganz durcheinander, Heinz.

HEINZ Überhaupts ned. Im Gegenteil. Wenn man heut, noch in dieser Nacht, erfahrn tät, daß man in einem Jahr sterbn müßert, weil man einen Krebs hat, was tät man dann?

ANNI Mir sind keine krebsige Familie, weder die deine noch bei uns daheim, sondern gsund.

HEINZ Eine Idee.

Pause.

Heute wär es schon zu spät. Aber morgn in der Früh gingert ich sofort auf die Bank und tät das ganze Geld abhebn –

ANNI Achthundertdreißig Mark sind drauf.

HEINZ – genau, und dann fahrertn mir nach Meran oder auf die Zugspitz auffi und – und tätn was uns gfreut.

ANNI Nach Wien.

HEINZ Eine Weltreise.

ANNI Das tät aber ned langen, das Geld.

HEINZ Alles verkaufn und Schuldn machn! Lebn!

Pause.

ANNI Das wär schon schön, die Zugspitz, da warn mir nämlich noch nie drobn.

HEINZ Unter anderm.

ANNI Das macht mich ganz müd, diese Fantasien.

HEINZ Weils angenehm is.

ANNI Ja.

Fünfte Szene

In der Herrentoilette eines Gasthauses. Heinz läßt Wasser. Anni steht an der Eingangstür.

ANNI Wenn mir jetzt ned sofort heimgehn, geh ich allein.

HEINZ Eine Frau hat auf dem Männerklo nix zum Suchn, weil das verbotn is.

ANNI Weil man sonst nicht mit dir redn kann.

HEINZ Wenn wer kommt. Und meine Frau steht da.

ANNI Da kommt niemand, da paß ich schon auf. – Jetz hast schon zehn Mark verlorn und die Zech steht auch noch aus, wo du die fünfte Maß hast und einen Rausch.

HEINZ Man lebt nur einmal.

ANNI Ein teures Lebn, das kann man sagn! – Du hörst jetz auf.

HEINZ Mitgehangen, mitgefangen.

ANNI Wost besoffn bist. Da ham die Kollegn schon ein Einsehn. Ohne eine ruhige Hand kann man ned kegln.

HEINZ Daß nachher sagn: er is ein Feigling. Man muß auch verliern können.

ANNI Aber ned im Rausch.

HEINZ Das wirst du wissn.

ANNI Genau weiß ich das, da brauch ich dich bloß anschaun, wiest dreinschaust.

HEINZ Einer muß verliern, so is das Spiel.

ANNI Und ausgrechnet du mußt das sein.

HEINZ Was kann der Mann dafür, wenn die Frau kein Schamgefühl hat und ins Männerklo eindringt.

ANNI Daheim hätt ich bleibn solln.

HEINZ Eine Nuttn muß das sein, wo auf ein Männerklo geht. – Da gehn eim die Augn auf.

ANNI Wenn kein anderer Mann da is als der eigene.

HEINZ Gelegenheit macht Diebe!

Dritter Akt

Erste Szene

In der Küche. Anni spült ab. Heinz sitzt am Tisch. Abend.

HEINZ Wenn man ein Kind hat, hörn die Schwierigkeitn nimmer auf.

ANNI Wenn ich gwußt hätt, daß du so reagierst, hätt ich dir überhaupts nix gsagt und hätt dich einfach überrascht, wenn es soweit is. –

HEINZ Dann hätts aber ein Unglück gebn, das garantier ich dir!

ANNI Was der Mensch denkt.

HEINZ Man muß sich zum Helfn wissn. Wenn ich viel Geld hab, weil ich ein reicher Mann bin, dann kann ich zehn Kinder habn und es fallt ned ins Gwicht.

ANNI Alle können nicht reich sein, das geht nicht.

HEINZ Oder wenn ich jemand bin vor dem unsereiner einen natürlichn Respekt habn muß, dann kann ich leicht ein Vater sein. Manchmal, wenn mir in die Firma fahrn und zu spät dran sind, dann schaut der Tourenleiter bloß und sagt kein Wort. Aber ich komm mir vor wie ein Würschtl. Und wenn ich dann denk, daß ich jetz ein Vater werdn soll, als Lieferant *lacht*, mit einem schlechtn Gewissen wegen Zuspätkommens – *Schüttelt den Kopf.*
Pause.

ANNI Man muß an das Lebn glaubn, Heinz.
Heinz schaut Anni lang an.

ANNI Ich tu es nicht, Heinz. Brauchst gar ned um den heißn Brei herumredn.
Pause.
Ich spür es, Heinz.

HEINZ Schmarrn.

ANNI Wenn ich mich konzentrier, spür ich es.

HEINZ Keine drei Monat. Das is so groß wie ein Frosch.

ANNI Einen Frosch spürst auch, wennst ihn in der Hand hast.

HEINZ Hast nix zum In-der-Hand-Habn.
Pause.

ANNI *hochdeutsch:* Das ist ein Lebewesen so wie mir.

Pause.

Ich geb nicht nach.

HEINZ Weilst stur bist.

ANNI Dann bin ich ebn stur.

Pause.

HEINZ Zum Vatersein gehört die Reife.

ANNI Ausredn.

HEINZ Keine Ausredn. – Ich will schon ein Kind habn. Jeder will ein Kind habn, das is doch selbstverständlich.

ANNI Ebn.

HEINZ Aber nicht so. Ich will mich hinstelln können vor das Kind und sagn: das is dein Vater, schau, auf den kannst du stolz sein, weil er etwas erreicht hat im Lebn. So soll es sein. Der is jemand.

ANNI Das kann man immer noch nachholn.

HEINZ Kann man nicht. Jetz kann ich ohne weiteres einen Kurs machn und das Abitur nachholn.

ANNI Auf einmal.

HEINZ Jeder fangt einmal an. Schau, der Beweis. *Er holt aus seiner Tasche einen Reklameaufruf eines Fernlehrinstitutes, wo man das Gewünschte in Form von Marken auf die Antwortpostkarte klebt.* Was hab ich draufgeklebt, von die ganzn Möglichkeitn? Abitur. *Zeigt es.* Und jetz wandert es in den Postkastn. Wirst es sehn. Wenn das Kind da ist, sind einem alle Hände gebundn –.

ANNI Was der fantasiert.

HEINZ Weilst du bloß die Sonnenseitn siehst.

ANNI Ich versuch, aus allem das Beste zu machen und das is mein gutes Recht. Das laß ich mir von niemand nehmen. Überall gibt es Kinder, wohin man schaut.

HEINZ Wenn das Kind da is, is es aus mit der Arbeit für dich.

ANNI Da gibts den Mutterschutz.

HEINZ Vierzehn Tag.

ANNI Sechs Wochen. Sechs Wochn vorher und nachher.

HEINZ Das glaub ich nicht.

ANNI Schaust nach, steht alles drin im Lexikon.

HEINZ Wo?

ANNI Unter Mutterschutz.

HEINZ *geht ins Wohnzimmer, nimmt aus dem Regal den Band ...:* Mutterschutz. *Liest, kommt in die Küche zurück.* Mutterschutz, der arbeitsrechtliche Schutz der werdenden Mütter und Wöchnerinnen. In der Bundesrepublik Deutschland enthält das Emgesetz vom 24. 1. 1952 ein Beschäftigungsverbot für die Zeit von sechs Wochen vor bis sechs Wochen nach der Niederkunft. In Klammern: Bei stillenden Müttern acht bis zwölf Wochen nach der Niederkunft.

ANNI Genau.

Pause.

HEINZ Und wenn die sechs Wochen vorbei sind? Ein Kind lebt lang.

ANNI Dann schaut man sich nach einer Tageskrippe um.

HEINZ In der Großstadt.

ANNI Wenn man sich anstrengt, findet man was.

HEINZ Oder nicht.

ANNI Du suchst ebn immer das Schlechteste heraus.

HEINZ Weil das eine Illusion is. Weil es viel zuwenig Krippn gibt, das weißt du genauso gut wie ich.

Pause.

Außerdem: was braucht der Mensch ein Kind, wenn er es nach sechs Wochn in die Krippn gebn muß. Ein Kind hat bloß einen Sinn, wenns eine Mutter hat, ein Waisenkind kann ein jeder haben.

ANNI Dann laßt man es eben daheim. Fertig.

HEINZ Dann verdienst du aber nix mehr.

ANNI Na.

HEINZ Ich hab, wenn ich sämtliche Überstundn ausnutz, 900 Mark.

ANNI Mit einem Kind hat man Steuerermäßigung und Kindergeld von der Firma wegen der Belastung.

HEINZ Sagn mir neunhundertfünfzig, netto! Die Wohnung kostet –

ANNI Schreib es doch auf.

HEINZ Genau. Machn mir eine Bilanz, und fällen einen Urteilsspruch über das Kind. *Holt Bleistift und Zettel.* Gerechtigkeit muß sein. Zuerst die Wohnung: 385 Mark.

ANNI Licht, Gas, Wasser und Heizung – 80 Mark ungefähr. – Schreibn mir siebzig.

HEINZ Wiest es willst, wo es dein Fach is. 135 Mark Autorate, Unterhalt Auto 100 Mark im Monat rund. Das is von mir errechnet.

ANNI Genau.

HEINZ Ratenzahlungen für den Wohnzimmerschrank 63 Mark –

ANNI Den hätts ned braucht.

HEINZ Das hätt man vorher wissen müssn. Farbfernseher 89 Mark fünfzig und meine neue Ziehharmonika 35 Mark fünfundsiebzig.

ANNI Zigarettn.

HEINZ Ich 20, du zehn. 60 Mark, 90 Mark gesamt. Kleinigkeiten, das mußt du wissen!

ANNI Kegelabend 10 Mark, Kino auch 10 Mark, Radio Fernsehen 8 Mark 50 monatlich, Hör zu 4 Stück im Monat, 3 Mark 60, der Stern, bloß einmal im Monat, 1 Mark 50, Frisör für mich einmal, 12 Mark 30, Buchgemeinde 6 Mark fünfzig, 1 Kiste Bier und eine halbe Limo alle 14 Tage, also doppelt, 16 Mark, 32 Mark mit Trinkgeld. – Fertig.

HEINZ Fertig. *Rechnet zusammen, es dauert lange.*

Anni fängt zu weinen an.

HEINZ Weinst. – Weinen tät ich an deiner Stell nicht.

ANNI Weil es soviel is.

HEINZ Zamrechnen. *Rechnet weiter.* Eintausendundzweiundfünfzig Mark und 65 Pfennig genau.

ANNI Die 624 Mark Sparen sind vergessen wordn.

HEINZ Die lassn mir jetz weg, die falln ned ins Gwicht und machen es noch komplizierter.

ANNI Genau. – Was kann man einsparen?

HEINZ Gehn mir es durch. Wohnung. Nix. Strom, Gas, Wasser, Heizung 70 Mark.

ANNI Nein.

HEINZ Genau. – Das Auto. *Pause.* Wenn man es verkaufen tät. *Pause.*

ANNI Tätst es hergebn?

HEINZ Ganz ungeschoren wird man ned herumkommen, wenn man ihn zurückgibt, weil man mehr Ratn zahln muß, als er wert is, nach Gebrauch.

ANNI Klar.

HEINZ Wo er hervorragend gepflegt is – allerdings ohne Garage – wird man ihm und die Ratn mit 500 Mark draufzahln los sein.

ANNI Wo 800 auf dem Konto sind.

HEINZ Genau. Hundert Mark Unterhalt fallt dann auch weg.

ANNI Aber eine Monatskartn für die Straßenbahn brauchst du dann.

HEINZ Schreibn mir 30 Mark extra.

ANNI Ja.

HEINZ Der Wohnzimmerschrank kann ned zurückgegeben werden, gebrauchte Möbel sind wertlos.

ANNI Das hätt man vorher wissn müssen.

HEINZ Wo er schön is, da kann man nix sagen.

ANNI Weiter.

HEINZ Der Fernseher.

ANNI Wenn man den Schwarzweiß noch hätt, könnt man ihn zurückgebn.

HEINZ Wo er in Zahlung gangen is.

ANNI Leider.

HEINZ Kauft is kauft, da gibt es keine Gnade.

ANNI Nein. Und einen Fernseher braucht man schon.
Pause.
Aber wo du das Auto aufgibst, is es jetz an mir. *Lächelt.* Der Fernseher kann zurückgegeben werden.

HEINZ Da werdn mir aber auch draufzahln.

ANNI Wieviel?

HEINZ Das muß erst festgestellt werdn. Streichn mir die Rate und tun so, als tätn mir ned draufzahln.

ANNI Das gilt ned.

HEINZ Behaltn is das geringste Verlustgeschäft. Wie bei der Ziehharmonika.

ANNI Nein, die tät ich dich nie verkaufn lassn, weil das dein Hobby is, die Musik. Das braucht der Mensch.

HEINZ *nickt:* Wo ich mich schon dran gewöhnt hab. – Zigaretten.

ANNI Ich hör auf zum Rauchen, sofort.

HEINZ Ab der Geburt.

ANNI Sofort. Das is keine Kunst, wenn man weiß, was man dafür kriegt. 30 Mark weg.

HEINZ Aufhören kann ich nicht, aber es einschränken. Nicht mehr 20, sondern 15.

Rechnet.

Nochmals 15 Mark weg. Bleibt 45 Mark.

ANNI Genau. Weiter.

HEINZ Kegelabend weg. Kino weg. Rundfunkgebühren, entweder – oder. Gebn mir den Farbfernseher auf? Ersatzlos und mit Verlust?

Große Pause.

ANNI Ja. Da ham mir Fernsehen genug, wenn ein Kind da is, wirst es sehen!

HEINZ Genau. Rate Fernseher weg! 6 Mark Fernsehgebühren weg. 2,50 Mark Radio bleibt! *Pause.* Fernsehzeitung und Illustrierte.

ANNI Weg, weg.

HEINZ Frisör.

ANNI Weg.

HEINZ Meine Frau geht zum Frisör, darauf besteh ich.

ANNI Das kann man selber viel schöner machen.

HEINZ Bitte. Buchgemeinde weg. Bier und Limo.

ANNI Weniger.

HEINZ Jawohl die Hälfte.

ANNI Oder ganz?

Pause.

HEINZ Ganz! Fertig.

ANNI Wieviel bleibt?

HEINZ Ausrechnen.

Rechnet.

Pause.

Eine komplizierte Rechnung! 451 Mark und 40 Pfennig Gewinn.

ANNI Das langt.

HEINZ Abzüge sind da: 102 Mark 65 Pfennig Differenz zu meinem Verdienst –

ANNI Warum?

HEINZ Weil ich bloß 950 Mark verdien und du nix mehr.

ANNI Ja.

HEINZ Insgesamt warn es 1052 Mark und 65 Pfennig. Das geht, weil deine 600 Mark zu mir kommen.

ANNI Ja, ja, ausrechnen.

HEINZ Und neuer Abzug 30 Mark für die Straßenbahnkarten.

Rechnet.
318 Komma 75 Mark bleiben.
Pause.
Viel is das nicht.

ANNI Ja.

HEINZ Für drei Personen.

ANNI Zwei und ein Baby.

HEINZ Babynahrung soll teuer sein, heißt es.

ANNI Stimmt.

HEINZ 318 Mark und 75 Pfennig für drei Personen, Verpflegung und Kleidung.
Rechnet.
3 Mark 54 Pfennig für jeden pro Tag.
Pause.
Viel is das nicht.

ANNI Nein.

HEINZ Wo man alles abgezogen hat, was eim Freude macht im Leben.
Pause.

ANNI Vielleicht hast dich verrechnet.

HEINZ Rechnen mir es gemeinsam noch mal durch. Es soll gerecht zugehn.

ANNI Ja.

Zweite Szene

Heinz und Anni vor einem Schaufenster mit Kinderwägen.

HEINZ 295 Mark. *Pause.* Ich will nicht sagn müssen: das is dein Vater der ein Ausfahrer is. Milka-Produkte fahrt dein Vater aus.

ANNI Mir ham es gut, Heinz.

HEINZ Aber Freiheit hab ich keine. Wenn ich frei sein tät, dann tät ich ein Kind wolln. So nicht. Wie steht man da vor dem Kind? Wenn man Abteilungsleiter ist oder Inspektor, dann kann das Kind einen Stolz haben und man ist automatisch respektiert.

ANNI Weilst nicht zufrieden bist.

HEINZ Ich hab es mir so denkt: einmal kommt der Tag, da

sagt man, jetz hat man alles erreicht, jetz will man auch ein Kind habn, das es schön hat. Aber so.

ANNI Du tust ja grad so, als wenn ein Kind etwas Unmögliches wär, was sich keiner leistn kann.

HEINZ Ich hab mich nicht verrechnet, wiest weißt.

ANNI Ein Kind kostet Geld, das is klar.

HEINZ Und bewiesn.

ANNI Man schaut die Kinderwägen an und weiß es.

HEINZ Ich bin noch ned so weit. Noch will ich kein Kind habn. Später. So was muß man überlegn. Später is besser. Wenn ich das Abitur hab, redn mir weiter.

ANNI Das kann aber lang dauern.

HEINZ Laß mir Zeit. Ich brauch sie Anni. Treibn mir es jetz ab und probiern es ein andermal. Is besser! Schau, was ein Kinderwagen kostet!

ANNI Wo ich es eh seh!

Dritte Szene

Auf dem Fußballplatz.
Heinz und Anni.

HEINZ Es gibt eh viel zuviel Menschen auf der Welt.

ANNI Ein Kind is ein Kind.

HEINZ Ein Kind bringt alles durcheinander. Jetz is leicht, wos in alle Zeitungen steht.

ANNI Will aber ned abtreibn.

HEINZ Leise.

ANNI Wer hat angfangt davon?

HEINZ Weils mir keine Ruh laßt.

ANNI Kein Interesse mehr, der Mensch.

HEINZ Weilst dumm bist.

ANNI Dann bin ich ebn dumm, aber abtreibn laß ich es nicht, das kannst dir aus dem Kopf schlagn.

HEINZ Leise hab ich gsagt.

ANNI Ich hab es leise gsagt.

HEINZ Immer noch zu laut.

ANNI Dann sind es deine Ohren.

Pause.

HEINZ Wo ich sogar einen Doktor hätt.

ANNI Bist krank?

HEINZ Brauchst es bloß sagn. Mit dem Kopf nicken genügt.

ANNI Hast keinen Doktor! Angeber!

HEINZ Soll ich es dir beweisen?

ANNI Das kannst du nicht, weilst du nix Unanständiges tust.

HEINZ Das is meine Sach.

Pause.

ANNI Ein echter Doktor?

HEINZ Ein echter. Mit einer Praxis. 100%ig. Glaubst da tät ich nicht aufpassen, daß das fachmännisch gemacht wird? Da paß ich schon auf, das glaubst.

Große Pause.

Brauchst es bloß zulassen und es passiert. Besser wie der kann man es sich gar ned wünschen. 800 Mark kostets und is vorbei.

Pause.

ANNI Willst kein Vater sein?

HEINZ Doch, aber später. Jetz sieht man sich nicht hinaus.

Pause.

ANNI Ich tät mich schon hinaussehn.

HEINZ Weilst ned bis drei denkst.

ANNI Ich hab ebn ein Herz.

Pause.

HEINZ Glaubst ich nicht?

Vierte Szene

Heinz und Anni am ganz frühen Morgen in der Wohnung. Anni weint.

HEINZ Jetz beeilst dich, oder glaubst, der Doktor hat sonst nichts zum tun?

ANNI Müssn mir pünktlich sein?

HEINZ Sonst steht man gleich in eim schlechtn Licht.

Pause.

Wirst sehn, wenn es vorbei is, bist selber froh. Jetz weinst, aber wenn es vorbei ist, bist selber froh. Alles hat wieder die Ordnung, wos braucht. Wie mir es geplant ham.

ANNI Die Bilanz.

HEINZ Genau. Alles is zum Zahln und man überschaut es. Ich will dir nix einredn, was ich ned selber glaub, aber ein

Kind is ein Faktor, wo kein Mensch überschaut. Da, ich hilf dir in den Mantel.

Pause.

ANNI Weilst feig bist, Heinz.

Heinz schweigt.

Weilst von einem Kind Angst hast, das dein eigenes is. Weilst es nicht habn willst, wost es nicht einmal gsehn hast. Vielleicht tät es dir gfalln. Das kann man doch ned wissen, im vorhinein.

HEINZ Gehn mir jetz?

Pause.

Redn mir unterwegs weiter. Im Auto. Sonst kommen mir zu spät.

ANNI Ich fahr nicht, weil ich dableib.

Pause.

HEINZ Was man ausgmacht hat, muß man einhaltn.

ANNI Ich hab nix ausgmacht.

HEINZ Aber ich. Mit dem Doktor. Der wartet auf uns!

ANNI Das is mir wurscht.

Pause.

Das Kind bleibt.

HEINZ Mir kriegn aber eine Rechnung, weil mir den ausgmachtn Termin ned einghaltn ham.

ANNI Da kann man keine Rechnung kriegn, weil es verbotn is, eine Abtreibung.

HEINZ Wenn ich mit eim Doktor einen Termin ausmach und ned komm, aus eigenem Verschuldn, dann kriegt man eine Rechnung wegen verlorener Zeit. Das is amtlich.

ANNI Aber nur wenn es erlaubt is.

HEINZ Was man ausmacht muß man einhaltn.

ANNI Ich nicht. Weil ich da keinen Wert drauf leg. Nachdem ich alles weiß.

HEINZ Weilst alles besser weißt und dir nix sagn laßt. Das is es.

ANNI Nein, aber Wissn macht stark. *Zieht den Mantel aus.*

Fünfte Szene

Kalte, späte Nacht. Anni schläft. Heinz kommt heim.

ANNI Heinz, was is?

HEINZ Nix. Schlaf.
ANNI Warum machst einen Lärm?
HEINZ Mach keinen Lärm.
ANNI Freilich ich hör es genau.
HEINZ Spät.
ANNI Hast einen Rausch?
HEINZ Nein.
Pause.
ANNI Freilich hast einen Rausch.
Pause.
HEINZ Jetz is passiert.
ANNI Was?
HEINZ Jetz is passiert.
Pause.
ANNI Hats einen Unfall gebn?
HEINZ Nein.
Pause.
Bloß Führerschein hab ich keinen mehr.
ANNI Nein.
HEINZ Weils ihn mir abgnommen ham.
ANNI Ja?
HEINZ Weil ich in eine Kontrolle kommen bin.
ANNI Hams dich blasen lassn?
HEINZ Blasn hams mich lassn. Und dann hams mich aufs Revier verordnet und eine Blutprobe gmacht.
ANNI Und dann?
HEINZ Da gibts noch kein Ergebnis. Die Medizin. Aber die Polizei sagt, daß es keine Chance gibt, das sehn die schon am Blasen.
ANNI Ein Schlag des Schicksals.
Pause.
HEINZ Jetz is aus.
Pause.
Wenn man keinen Führerschein hat, kann man kein Lieferant sein.
ANNI Zamhaltn muß man dann. Jetz kommst ins Bett zu mir, das is das wichtigste, wost zitterst, weilst frierst.
Er kriecht weinend zu Anni ins Bett.

Sechste Szene

Am Sonntagnachmittag. Heinz und Anni im Wohnzimmer. Heinz übt auf seiner Ziehharmonika. Anni liest den »stern«.

HEINZ Daß mich ins Lager versetzen für die drei führerscheinlosen Monat, hätt ich mir ned denkt.

ANNI Weilst du immer alles schwarzsiehst.

Pause.

HEINZ *lächelt:* Das Lager is natürlich kein Vergleich mit der Selbständigkeit auf der Tour. Weniger Geld is es natürlich auch.

ANNI Sein mir froh, daß es jetz passiert is. Jetz passiert es nimmer so schnell –

HEINZ Bestimmt ned. Aber die 400 Mark Geldstrafe sind schon schlimm.

ANNI Da kommen mir a no drüber weg, wo ich noch mitverdien und dann den Mutterschutz krieg.

HEINZ Besser jetz wie später.

ANNI Ja. *Pause.* Hast du das gelesen?

HEINZ Was?

ANNI »Mord aus Verzweiflung«.

HEINZ Nein, das muß ich übersehn habn.

ANNI Soll ich es vorlesn?

HEINZ Wenn es interessant is.

ANNI Interessant nicht, aber voll Spannung. *Liest.* Mord aus Verzweiflung, Fragezeichen. In der Nähe von Linz, Oberösterreich, brachte der einunddreißigjährige Kürschner Franz M. seine Ehefrau um, indem er sie schlafend im Ehebett erschlug. Bei der Polizei sagte der Mann, der sich nach einem Nervenzusammenbruch selbst stellte, den Beamten: Ich habe es getan, weil sie schwanger war und einer Abtreibung nicht zustimmte, obwohl es gegen die Vernunft war. Er fuhr fort: Da sind mir die Nerven durchgegangen. Aber Mörder bin ich keiner, das weiß ich, weil es unabsichtlich war. Der Prozeß beginnt voraussichtlich im Oktober.

HEINZ Aus?

ANNI Ja.

HEINZ Menschn gibts. Wo das Ähnlichkeit mit uns hat. Da können mir mitredn.

ANNI Schmarrn, du bist doch kein Mörder.

HEINZ Das is der Unterschied.

ANNI Ebn.

Pause.

Weißt daß ich ein Los gekauft hab bei der Fernsehlotterie?

HEINZ Weilst eh nix gwinnst!

ANNI Warum denn nicht? Andere gewinnen auch. *Pause.* Spielst mein Lieblingslied.

HEINZ Wennst es willst. Aber ned zu laut, am Sonntagnachmittag.

ANNI Die werdn schon noch schaun, die Nachbarn, wies da zugeht, wenn mir erst das Kind ham.

HEINZ Da muß man sich auch nach der Deckn streckn.

ANNI Nein. Das Kind is eine Ausnahm. Das muß anders werdn wie mir, sonst hätt das ja alles keinen Sinn. Von Anfang an. – Hoffnungsvoll.

HEINZ Soll ich oder soll ich jetz nicht?

Anni lächelt, nickt. Heinz spielt »Wien, Wien, nur du allein«.

Für Peter Zwetkoff

Dolomitenstadt Lienz

Posse mit Gesang

Die Personen:

Heribert Dengk
Oskar Schuster
Herrmann Rasch

Bühnenbild:
Es stellt eine Gefängniszelle dar. Größe: ca. 20 qm, Höhe ca. 3 Meter. Durch einen Paravent abgedeckt in der rechten hinteren Ecke (links und rechts vom Zuschauer) das Klo und ein kleines Waschbecken. Gleich daneben Eisenpritschen, insgesamt 9 Stück, sechs an den übrigen Wänden, drei aufeinandergeworfen. An der linken Wandmitte ein großer Tisch, dazu zwei Holzbänke. Darüber zwei kleine Fenster. Die Eingangstür wird in der imaginären 4. Wand angenommen.

Dialogtechnik:
Menschliche Beziehungen, die unter besonders schlechten Umständen stattfinden müssen, sind besonders kompliziert aufzuschreiben. Die Zeiten, in denen jemand etwa sagt oder etwas tut und nichts sagt, oder nichts tut und nichts sagt, sind dann besonders wichtig.
Deshalb schien mir die konventionelle Lösung untauglich: man schreibt einfach kleine oder große Pause. Deshalb habe ich mir etwas anderes ausgedacht. Ganz einfach: wenn etwas auf dem Papier steht, wird es gesagt, und wenn nichts drauf steht, wird geschwiegen. Eine Seite entspricht also einer Zeiteinheit, jede Seite der gleichen. Ich würde dazu raten, eine Gesamtzeit von eindreiviertel bis höchstens zweieinviertel Stunden anzunehmen.

HERRMANN RASCH

Mischt.

Gibt.

Gibt zu: Schaugt schlecht aus.

Hast wos?

Null und zwei is zwei.

Hebt ab: Hat ihn.

Legt die Karte verkehrt
rum wieder ins Paket:
Wenns verkehrt liegt.

Immer der wo fragt.

Gibt zu.

Geht drüber: Gedacht.
Spielt aus.

Zwei Stich, der Herr.

HERIBERT DENGK	OSKAR SCHUSTER
	Hebt ab.
Schell achter. *Spielt aus:* Trumpf oder kritisch. *Sticht.*	
	Gibt zu.
Drei.	
	Verneint.
Sie schmeißen zusammen.	
Mischt.	
Wenns dir Spaß macht.	
Gibt.	
	Wer sagt an?
	Es grünt so grün. Grün Ober.
Danke.	
	Spielt aus.
Sticht. *Spielt aus.*	
	Sticht.
Gibt zu.	
	Sticht: Und drei.

Scheiße. *Schreibt:* Null und
drei ist drei. Oskar gibt.

Herzen mit Schmerzen.
Herz Zehner.
Spielt aus.

Sticht.

Und der da.

Nimmer lang. *Sticht:*
Und drei.
Spielt aus.

Schreibt: Null und drei is drei.
Mischt.

Bertl zwei. Mir jeder drei.

Genau.
Abhebn.

Scheißkritische.

Mir ham immer ohne gspielt.

HERIBERT DENGK	OSKAR SCHUSTER
Nix.	
	Legt auf. *Lacht.*
	Gibt.
Ein schlauer Mensch, der Herr. *Hebt ab.*	
	Lacht: Gewußt wie.
Guad?	
	Nickt.
Gibt zu.	
	Sticht. *Spielt aus.*
Leider. *Gibt zu.*	
Sticht drüber.	
	Muß ich. *Sticht drauf.* *Spielt aus:* Bock!
Gibt zu: Na. Schaugn.	
	Gemma.
Pech! *Gibt zu:* Täuscht.	*Gibt zu:* Wo is gsagt hab.
	Wie stehts!
Erst der Anfang.	
	Hebt ab: Nix.
Eine Überraschung.	

Was is?

Na is er schlecht.

Gibt zu.

Hast du gar nix.
Gibt zu.

Gibt zu: Und jetzt . . .

Gibt zu: Nix.

Zwei und drei is fünf.

Hebt ab: In die Grünen.

Kritisch
Sticht.

Sticht: Aber nimmer lang.

HERIBERT DENGK	OSKAR SCHUSTER
	Eine Überraschung muß sein. Genau.
Es grünt so grün. Grün As.	
Abwartn und Tee trinkn. *Spielt aus.*	
	Gibt zu.
Spielt aus.	
	Gibt zu.
Spielt aus.	
	Nur die Ruhe kann es machen. *Sticht.*
	Spielt aus.
Drei. *Sticht:* Danke.	
Mischt.	
	Es grünt noch immer. Achter. Trumpf oder Kritisch. *Spielt aus.*
Gibt zu: Guad.	
	Einmal hoch und einmal niedrig is der Arsch vom Onkel Friedrich. *Spielt aus:*
Geht drüber: Drei.	

Wer die Hosn voll hat kann
leicht stinkn.
Schreibt: Drei und drei
is sechs. Fünf und drei is
acht. Drei und Null is Null.

Hebt ab.

Nie.

Außer.

Sticht.

Gibt zu.

Gibt zu.

Lacht.

HERIBERT DENGK	OSKAR SCHUSTER
Spielt aus: Danke.	Nix. Mit zwei Kritische.
Gibt.	
Was hört man?	
	Schönere?
Nein.	
	Feigling. Eichl Neuner.
	Spielt aus.
Gibt zu.	
	Spielt aus.
Sticht: Bock. *Spielt aus.*	
	Brauche ned. *Gibt zu.*
Drei.	
	Vier.
Bitte. *Spielt aus.*	
	Sau.
Lacht: Mir ham doch schon drei Stich ghabt.	
	Oder ned. Auflegn. Wer hatn den ausgspielt?

HERRMANN RASCH

Bitte.

Zählt die Runde: Eins zwei drei. 1. Stich 2. Stich. 3. Stich.

Stimmt.

Aufpassn.

Gib is gscheida.

Bumpe König.
Spielt aus.
Spielt aus.

Sticht.
Spielt aus.

Gehe.

Genau, vagessn.

Hättma schogmerkt. Drei

HERIBERT DENGK	OSKAR SCHUSTER
	Genau. Meiner.
Scheiße.	
	Vier für mich. Danke.
Lacht.	
	Des hab ich sofort gesehn.
	Gibt.
Hebt ab.	
Gibt zu.	*Sticht.*
Gibt zu.	*Sticht.*
	Spielt aus.
Gibt zu.	
Solle? *Sticht.*	
	Genau. *Gibt zu:* Drei.
Schmeißen zusammen ...	
	Wie stehtsn überhaupt? Hast du meine viere von vorher geschriebn?
	De hast vagessn.
	Aberscho sauber.
Lacht: Auf die Finger schaun.	
	Genau.

und vier is sieben. Sieben und zwei is neun. Acht und zwei is zehn. Sechs und Null is Null. Sechs. Ihr zwoa seids gspannt.

I. *Mischt.*

Der hat ein Glück.

Hast nix?

Gibt zu.

Gibt zu.

Sticht: Drei. Blödsinn, er is ja scho gspannt.
Spielt aus. Drüber.

HERIBERT DENGK	OSKAR SCHUSTER
	Genau.
Wer gibt?	
	Hebt ab: Danke. *Hat einen Kritischen.*
Gute Kartn halt. Grün Sau.	
	In die Grünen Sau.
	Wer wagt gewinnt.
Genau: Trumpf oder ... *Spielt aus.*	
	Kritisch. *Sticht.*
	Spielt aus.
Sticht. *Spielt aus.*	
	Gibt zu.
Sticht.	
	Woher nehma und ned stehln. *Gibt zu.*
Ende. *Spielt aus.*	
Werfen zusammen ...	
	Pech. So nah.
Unverhofft kommt oft.	

Zehn und zwei is zwölf. Sechs und Null is sechs. Neun und Null is neun. I bins.
Gibt Heribert eine Zigarette.

Weil i ned länger spiel als ihr mitnander.

Jetzt habi heut schon drei Zigarettn verlorn an den Deppn.

Arschloch.

Pause.

Depp.

Die Firma dankt.

Zum Kartenspieln braucht man Jahre.

Umso schlimmer.

Nicht verzagen, Oskar fragen.

Weil er immer gwinnt.

Wer ned hören will muß fühlen.

Mischt: Rupfn die Herrschaftn.

Genau.

Laßn mir es gut sein.

Hörn mir auf?

Später wieder.

Angst vom Verliern.

Ein Spieler, der lebt vom

HERRMANN RASCH

Genau.

Nimmt eine Zeitung, liest.

HERIBERT DENGK	OSKAR SCHUSTER
Spielen, weil der sonst überhaupts nix tut.	
	Und wie.
Das möcht ich auch sein.	
	Glück muß man habn.
Nickt, räumt die Karten zusammen, wischt den Tisch ab.	
	Steht auf, legt sich auf sein Bett.
Zündet sich eine Zigarette an, raucht.	
	Zündet sich, auf dem Bett liegend, eine Zigarette an, raucht.

HERRMANN RASCH

Beim Lesen: Ned studiern,
Oskar, des is nix.

Lacht.

Hört auf zu lesen: Ich hab
einmal im Toto gewonnen.

Wie lang is jetz das her?
Fünf Jahr müssn es her sein.

Lacht: Da hab ich einmal 120
Schilling gwonnen. Genau.

HERIBERT DENGK

OSKAR SCHUSTER

Ja.

Genau.

Wenn ich einmal im Toto gwonnen hätt, wär ich überhaupts ned da. *Lacht.*

I schon.

Lacht.

Wenn mir im Toto gwonnen hätten, wärn mir alle ned da. *Lacht.*

Ebn.

Lacht, liest weiter.

Des nutzt auch nix.

Des gibst genauso leicht aus,
wie man es kriegt hat.

Wenn man nix hat, kann man
leicht sparn.

Gedankn sind zollfrei.

Schmarrn. Träume sind zoll-
frei heißt es.

Genau, so heißt es.

HERIBERT DENGK	OSKAR SCHUSTER
Das is ja kein Gewinn.	
	100 000.
Das is ein Gewinn.	
100 000?	
100 000.	
	Ich hätts gspart.
Eine Million.	
Lacht.	
	50 000.
Naa: Träume kostn nix! *Lacht.*	
	Ja.

Schaut: Irren ist menschlich.

Kein Tropfn.

Übung macht den Meister.

Wann war jetz der schöne
Sommer? 68?

Des war ned 68. Früher.

Den mein ich nicht.

Später.

Wenn ich den nicht mein.

Ja.

HERIBERT DENGK

Es regnet.

Wenn ich es sieh.

Steht auf, steigt auf die Bettlehne, öffnet das Fenster, schaut hinaus: Richtig.

Wo ich eh bald nach Insbruck komm.

OSKAR SCHUSTER

68 war ich in Deutschland draußn. MAN.

Ein besonders schöner Sommer is 54 gwesn. Das is sicher, weil ich mich da dran erinner.

Mit die Eltern.

68 war ich am Mondsee. Kellner.

Weil ich ein Gedächtnis hab.

Wo ich überhaupts nie Kellner glernt hab.

HERRMANN RASCH

Früher.

HERIBERT DENGK — OSKAR SCHUSTER

Weil man Kellner extra lernen muß.

In einem – gediegenen – Lokal? *Nickt:* So ein Gast merkt sofort, obst du das glernt hast oder ned. Das Kellnerlernen dauert drei Jahr oder länger.

Kopfrechnen muß man können.

Wo das eine Übungssach is. Außerdem is das eine Stärke von mir.

Machn mir ein Metsch?

Warum?

Der Herrmann schreibt irgendeine Rechnung auf. 7 und 4 mal neun durch drei weg 5 oder so. Das liest er uns vor und mir rechnen im Kopf mit. Und wer näher dran is, hat gewonnen.

Wo mich rechnen überhaupts ned interessiert.

Probiern geht über studiern.

Verneint.

Lacht: Da war den ganzen Sommer keine einzige Reklamation weil ich das weiß.

Niemand hat nie ein Wort

Mein Sommer war ned 68.
Verneint
Aber wenn man nachdenkt,
merkt man schon, wie schön
man es ghabt hat im Lebn.

Das sitzn mir jetz ab und
basta.

Ein Mann ohne Knast ist wie
ein Baum ohne Ast.

Genau. Jetz is eh nix draußn.
Wo der Winter kommt.

Wo ich ned Schifahrn kann.

Ebn.

In der schönen Jahreszeit
sind mir wieder draußn.

HERIBERT DENGK | OSKAR SCHUSTER

gsagt. Ein Beweis, daß alles richtig war.

Ein schöner Sommer. Schöne Arbeit und ein schöner Sommer. Genau.

Lacht.

Wintersport.

Ich auch ned.

HERRMANN RASCH

April werds.

Wenn ich ein Pech hab, ein-
einhalb Monat dazu.

Mai.

Wenn es besonders schön werd
bin ich wieder draußn.
Genau.

Singt:
Warum bist du gekommen,
wenn du schon wieder gehst?
Hast mir mein Herz
genommen,
daß du das nicht verstehst.
Ich bin kein Bajazzo,
bin nur ein Mensch wie du
und leise ruft mein Herz
dir zu.

Du bist für mich im Leben
der goldene Schein,
für dich ist all mein Streben
mit dir nur glücklich sein.
Ich bin kein Bajazzo
bin nur ein Mensch wie du
und leise ruft mein Herz
dir zu.

HERIBERT DENGK

OSKAR SCHUSTER

Ich früher.

I ned.

HERRMANN RASCH

Warum denn ned.

Besser schon wie du.

Ein Optimist.

Viere vorbei.

Herrmann öffnet die beiden Fenster.

HERIBERT DENGK — OSKAR SCHUSTER

Hast eh eine gute Stimm.

Jetz wird er einmal einen
Schiß hinlegn, bevor das
Essn kommt.

Wie spät.

Scheiße. Machts es Fenster auf.
*Er geht zum Klo, scheißt. Um
die Luft nicht unnötig zu bela-
sten, drückt er ununterbrochen
den Wasserhahn.*

Blödsinn.

Drei, kannst es glaubn.

Bestimmt.

Genau.

Der Oskar studiert zuviel.

Des is schon angschissn. Untersuchungshaft ist der größte Scheißdreck. Bevor man es weiß wie lang.

Jeder Mensch is ned gleich.

Nickt: Abschaltn. Mir ham Pause. Basta.

HERIBERT DENGK

OSKAR SCHUSTER

Wenn ich 6 Monat krieg, hab ich mehr wie du.

Krieg ich aber ned. Genau.

Studiern is das Schlechteste.

Ist mit dem Scheißen fertig.
Er wäscht sich sehr sauber die Hände.
Schau mich an, ich denk an überhaupts nix.

Des weiß ich auch ned.

Wenn man nachdenkn anfangt is man schon verlorn.

Gar ned aufkommen laßn, es
Nachdenkn. Die Zeit vergeht
von selber, da braucht man
nix tun dafür.

Abschaltn.

Ebn.

HERIBERT DENGK

Das is ja die eigentliche Straf, daß man dasitzt und nachdenkt. Genau.

Lacht: Nachm Einsperrn kommts auslaßn.

OSKAR SCHUSTER

Wo ich es eh tu.

HERIBERT DENGK

Sonst kommst vom Hundertsten ins Tausendste.

Das Wochenende is fad. Weil man des spürt, daß draußn Samstag Sonntag is. Das is ansteckend. Weil es unter der Woch viel lebendiger is draußn, das is ansteckend.

Wartn is fad, das is klar.

Liest wieder.

HERIBERT DENGK

Kaum dreht man sich um, is
eine Stund vergangen. Ein
Tag.

OSKAR SCHUSTER

Bei mir ned.

HERIBERT DENGK

Genau. Wenns draußn tun,
was ihnen Freud macht, is
herin fad.

OSKAR SCHUSTER

Steht von seinem Bett auf,
geht hin und her.

HERIBERT DENGK

Holt eine Packung Illustrierte
sucht nach etwas Ungelesenem.

OSKAR SCHUSTER

Wenn man eine Ruh hat,
kann man leicht still sein.

HERRMANN RASCH

Der Oskar laßt sich nix
sagn. Das is es.
Singt:
Es Dirndl hat gsagt,
s Dirndl hat gsagt,
jetz kummt der Summer
Summer Summer
mach ma a Nummer,
Nummer, Nummer

Du hast so eine Ahnung,
was des für ein Unterschied
is, obst mit lustige Leit
eingsperrt bist oder ned.

Da sitz ich schon lieber mit
lustige Leut beianander.

Heut nimmer, des is sicher.

Ned studiern, Oskar, da bist
schon verlorn.

Aber fördern darf man es ned.
Das is es. Jede Gelegenheit
zum Ablenken ausnutzn.

HERIBERT DENGK | OSKAR SCHUSTER

Halts Mai!

Laßn halt.

Genau.

Sagt ja keiner was. Weil ich denkt hab, es kommt wer.

Jetz kommt bis zum Abendessn nix mehr, des is sicher.

Wo ich noch einmal zum Richter soll.

Ganz abschaltn kann mans ned, das is klar.

Genau.

Mir sind ja gut.

Was solln denn da andere
sagn. Die ham Jahre.

Jahre meine Herrn! Ned
Monat wie mir. *Lacht:* Wenn
mir mit unsere paar Monat
zu solchane hineinkommen,
die ein paar Jahr ham,
lacht heftiger: die schlagn
uns zam vor lauter Wut!

Genau. Was glaubst, was
in die Frauengefängnis für
Weiber sind. Solche!
Die können auch nix machn.
Verliern ihre schönstn Jahre.

Ebn.

Halbe fünfe.

Magst ein Zuckerwasser?

Ich mach mir auch eins.
Oskar?

Genau. Das is das Wichtigste.
Das gibt Kraft und Vitamine.
Man muß immer ein Zucker
habn. Weil die Fettn und das

HERIBERT DENGK	OSKAR SCHUSTER
An die Weiber kann man auch denkn.	
Weil man sich abfindn muß.	
Hunger hab ich, das is schlimmer. Wie spät isn?	
Ja.	
	Ich hab ja selber ein Zucker.

fehlt dir ja im Essn.
Nimmt seinen Blechnapf, geht zum Becken, läßt Wasser ein, holt von seinem Bett eine 2 Pfund Zuckerpackung, tut drei Löffel hinein, gibt Oskar auch drei, stellt es zurück:
Einen Zucker und eine Rama. Ein halbes Pfund Rama und zwei Pfund Zucker. Wennst es dir leistn kannst, daßd das regelmäßig jede Woch bestellst bei der Ausspeisung, dann bleibst bei der Kraft. Sonst ned.

Das is ebn die Strafe.

Genau, weil zum Fettwerdn geht man ins Sanatorium. Bin eh gspannt, ob er mich bei meim Fasttag in eine Einzelzelle tut, wo ich den Zucker und die Rama ned mitnehmen kann, oder ob er mich bloß vom offiziellen Essn aussperrt. *Lacht:* Einmal monatlich: Fasttag und hartes Lager. Wenn er nett is, kann ich dableibn. Sonst is gschissn.

Wie Herrmann, läßt sich von
ihm Zucker geben.

Ich hab trotzdem Hunger.
Wenn ich keinen Hunger hätt

des wär besser.

Erziehungsmethode Nummer
eins: Der Häftling hat immer
Hunger zu haben.

Genau.

Geh zu, aufhängen, so ein Depp. Wegn sowas hängt man sich doch ned auf. Aufhängen tut man sich wegen unglücklicher Liebe. Einer schwern Krankheit. Mir sind gsund, weil das nix is.

Laßt sich nix ausredn der Mann.

Am Fensterkreuz.

Des is natürlich Scheiße. Wenn man weiß, wie lang es dauert, das Dableibn, dann kann man es in Ruhe erwartn. Wenn man es ned weiß, is man nervös. Das geht alle so.

Ebn.

HERIBERT DENGK	OSKAR SCHUSTER
Hart mußt du sein, Landgraf.	
	Wenn ich länger als drei Monat krieg, häng ich mich auf.
	Wenn ich länger als drei Monat krieg, dann is es schlimm.
	Weil ich dann ned weiß, was ich tuh.
Aufhängen.	
Was solln da ich sagn.	
Ich bin ned nervös.	
	Nervös bin ich auch ned, aber Ruh laßt es mir keine, das is es.
Man muß einen gutn Willn habn.	
	Den hab ich ebn nicht.

Des is doch ein Schmarrn, wennst an des denkst. Daß er das nicht versteht.

Genau, dann is man nachher überrascht und hat eine Freud.

Genau, wost vier Wochn in U-Haft bist, mußt mit einem halben Jahr rechnen. Wenn sie sich mit der Verhandlung Zeit lassn, is es ein schlechtes Zeichn.

Ebn.

HERIBERT DENGK	OSKAR SCHUSTER
	Weil des mehr wie drei Monat sind, ganz bestimmt.
Genau.	
Wennst überhaupts schon an die Verhandlung denkst, dann muß man sich das Längste vorstelln, was es sein kann.	
	Ein halbes Jahr.
Des is doch wurscht, wo die Zeit ned verlorn is, weil sie angrechnet werd.	
	Vielleicht is länger wie ein halbes Jahr.
	Wenn es länger is wie ein halbes Jahr, häng ich mich aber wirklich auf. Das is sicher, weil ich es garantiern tu.
	Ohne die Freiheit kann man nicht leben.

HERRMANN RASCH

HERIBERT DENGK

Bloß, wenn es unbedingt sein muß.

OSKAR SCHUSTER

Der Song von der Freiheit:

Heinz Rühmann fliegt
für sein Leben gern
Aber es meinen
seine Verehrer besorgt
Wir sehen
unseren Heinz viel lieber
auf der Leinwand als
über den Wolken

Heinz Rühmann fliegt
für sein Leben gern

Als begeisterter
Sportflieger hat
hat er für ängstliche
Naturen bloß
ein Lächeln

Heinz Rühmann fliegt
für sein Leben gern

Angeln
so versichert der
Schauspieler ist viel
gefährlicher augen
zwinkernd

Heinz Rühmann fliegt
für sein Leben gern

Daß Heinz Rühmann fliegen
kann verdankt er einem
Zufall

Blödsinn, wegn eim gestohlenen Auto gibts kein Jahr.

HERIBERT DENGK

OSKAR SCHUSTER

In einem Schaufenster sah
er Flugzeuge und sagte
sich: ich werde Flieger

Heinz Rühmann fliegt
für sein Leben gern

Jetzt fliegt er
mit seinem Privatflugzeug
schon lange über den Wolken
und beruhigend sagt er
seinen ängstlichen Verehrern
ich grüße
die Sonne von Euch

Heinz Rühmann fliegt
für sein Leben gern.

Er verbeugt sich: Ende des Liedes von der Freiheit.

HERIBERT DENGK: Da braucht man sich ned aufhängen, bloß weil man ein Pech hat. Dann täts ja keine Menschn mehr gebn.

OSKAR SCHUSTER: Wenn ich es sag.

HERIBERT DENGK: Wo ich nix sag, weil das besser is, bestimmt. Was sollt ich sagn, wo ich mit eim einjährign Zeitraum rechne, wenn ich Glück hab.

OSKAR SCHUSTER: Wenn er die Vorstrafn mitbringt.

Bist auch ein Depp, beim
Militär lauft man ned davon.

Dessertiern, weil eim das ned
gsagt werd, was des is.

Des is nix, was man zum
Vergessn hat, das is klar.

Des san ja Deppn.

HERIBERT DENGK

OSKAR SCHUSTER

Ebn.

Wenn ich gwußt hätt, daß es ein Verbrechn is, wär ich eh ned davon. Glaubst ich bin dumm! *Lächelt, nickt.*

Ich habs vergessn ghabt.

Wies mich aus dem Heim entlassn ham, da hab ich mir gsagt, weil jetz die Freiheit anfangt. Aber da hab ich zum Militär müssn, damit hat man ned gerechnet. So is das. *Lacht:* Nachat hab ich mich so über die Freiheit gfreut, daß ich mir gsagt hab, des werd ja wurscht sein und bin abghaut. Weil aber vorher das Wachvergehn war, hams gsagt, daß es alles Absicht is und geplant. Dabei hab ich bei dem Wachvergehn bloß gschlafn und mir gsagt: leckts mich am Arsch und weitergschlafn.

Pech ghabt. Mir is das eh wurscht.

Was alles gsagt ham: angeborene Pflichtuntreue, keine

Ned dran denken, Bertl.

Mei, Heim. Mir sind alle
Menschen.

HERIBERT DENGK

OSKAR SCHUSTER

Wehrfreudigkeit wo ein guter Wille is, geburtsbedingte Willensschwäche. So ein Schmarrn, wo ich eh im Heim war, und es mir beim Militär gfalln hätt, wo man gwußt hat, wo man hinghört. Aber das hams ned verstandn, daß man aus einem Heim einen Freiheitsdrang mitbringt, weil man es nicht gewohnt is, was bei die andern ned is.

Genau, weils des ned braucht.

Mir is das ja eh wurscht. Da is eh viel besser wie im Heim, wenn man vom Militär einmal absieht.

Genau und in dem Heim da hat man andauernd die Freiheit vor die Augn ghabt, weil mir ham ja draußn garbeit und ind Schul sind mir gangen draußn. Na ja, am Anfang ned, aber später. Da hat man die Freiheit dauernd vor Augn ghabt, und da hat man sich denkt, das möcht man auch habn wie die andern, ebn die Freiheit habn.

Da herin is viel besser, da sieht man eh nix und kennt es ned anders, weil man von

Und warum bist nachat ned abghaut ausm Heim, wennts eh draußen warts. Da hätt man mich ned lang gsehn in dem Heim.

HERIBERT DENGK	OSKAR SCHUSTER
nix Schönem abgelenkt werd. Und das is ein Vorteil, wenn man nachdenkt.	
Ich sag es so, wie es is.	
	Es gibt solche und andere.
Schmarrn. Wo sollst denn hingehn? Wohin denn?	
	Wenn man keine Familie hat, wo einem hilft, das is schwer, weil es bekannt is.
Ebn. Ich hab ja gar ned gwußt, wie das geht die Freiheit, geschweige eine Familie.	
Du gangerst ja auch ned in Kongo. Wenns jetz kommen und sagn, mir lassn Sie ausbrechn, wenns in Kongo gehn.	

HERRMANN RASCH

In Kongo ned, aber nach
Spanien schon.

Weil ich den ned kenn, aber
in Spanien war ich schon.
Lacht.

Aber ned in Kongo. In Kongo ned.

Genau. Wos keine Familie gebn hat bei mir, weil da nix war, weil es das ned gebn hat, hat man das ned kennt.

Da kommt man auf solche Gedankn ned, weil man sie nicht kennt und bloß davon träumt, weils nix kost. *Er lacht:* Außerdem bin ich eh einmal abghaut, obts es glaubts oder ned. Mit einem Freund. Weil mir beide einen Ausschlag ghabt ham, bloß er und ich, *Lacht:* ham mir in die Stadt müssn zu einem Spezialistn. Da ham mir uns am Abend vorher gsagt, da kommen mir so schnell nicht wieder.
Und dann sind mir viel länger in der Stadt bliebn, als es erlaubt war, weil mir einen richtign Bummel gmacht ham. Drei Stundn länger als erlaubt, weil erlaubt war überhaupt nix. Aber wie es dunkl wordn is, ham mir gsagt, wenn mir jetz heimfahrn, ham mir einen Tag Arrest, und wenn mir noch länger ausbleibn,

Lacht. Billig.

Man muß einfach abschaltn
und denkn, man schlaft.

Genau. So tun, als ob man gar
nicht man selber wär, sondern
ein ganz anderer, wo ein
nix angeht.

HERIBERT DENGK

kriegn mir mehr. Und dann ham mir es uns ausdenkt: mir sagn, daß mir in einen falschn Zug eingstiegn sind und bis mir es gmerkt ham, is er schon abgefahrn. Und deswegn ham mir bloß eine Watschn kriegt ein jeder und sonst nix. *Lacht.*

Genau.

OSKAR SCHUSTER

Schlafn is gesund.

HERIBERT DENGK

Wo ein Körper überhaupt nix wert is.

Schmarrn.

Weil du eine Fantasie hast.

Aso. *Lacht.*

Ein Körper is ja überhaupt
nix wert. 20 Schilling oder so,
insgesamt. Das meiste is
Wasser und sonst Chemie, wo
ned viel kost, weils billig
sind.

Wenn man eine Fantasie hat.

Warum denn ned.

Der Körper kann doch ruhig
da sein, wo er nix wert is
und man sich nix dafür kaufn
kann.

Und man selber is ganz
woanders.

HERRMANN RASCH

Im Tiefschlaf.

Das ist doch keine Strafe,
meine Herrn, wo das die Ma-
nager machn. Wenn die
besonders angstrengt sind,
dann lassn sie sich eine Wochn
in Tiefschlaf versetzn oder
länger, dann sinds wieder in
der Kraft.
Wo wir keine Manager sind.

HERIBERT DENGK | OSKAR SCHUSTER

HERIBERT DENGK: Man selber is woanders.

Genau. Man sitzt das im Tiefschlaf ab, das gibts doch. Daß man eingesperrt wird, meinetwegn auf ein halbes Jahr, dann kriegt man eine Spritzn, und schlaft so lang. Und wenn man wieder aufwacht, darf man wieder hinaus, weil man frei is.

OSKAR SCHUSTER: *Lacht:* Genau.

Aber menschlich tät es sein. Weil man nix merken tät. Da könntns eim alles gebn, was wolln, mir ein halbes Jahr, dir jede Wochn einen Fasttag, ganz wie die Herrn

Ich möchert lieber hinaus.

Das Heim kann man nicht
mitrechnen, weil das was
anderes is, tätn die Leut sagn.

es für richtig findn. Jede Strafverschärfung, weil der Körper ja da is, sollns doch machn mit ihm, was wolln. Man selber schlaft.

Ich auch. Weil, wenn es so sein tät, dann hätt ja ich, wo ich dreiundzwanzig werdn tu, schon siebzehn Jahr geschlafn, wenn man das Heim mitrechnet. Dann tät sich das ja gar ned ausgehn mit dem Wachsein, weil es sich nicht mehr lohnt fast.

Bei mir schon.

Genau. Weil man es kennt, bloß weil man drin war.

Der Song vom Heim:

Als sie in Nizza
begleitet von der Mama
aus dem Flugzeug stieg
lächelte sie das Lächeln
das sie beim Abflug
den Fotografen
in London nicht
gegönnt

Denn das Heim ist nicht daheim

und daheim ist ja nicht das
Heim

Prinzessin Caroline war
wieder daheim
Da standen da der
Papa, Bruder
Albert Nesthäckchen Stefanie
sie in Empfang zu
nehmen.

Denn das Heim ist nicht da-
heim
und daheim ist ja nicht das
Heim

Für kurze Ferientage
war die Prinzessin dem
strengen Heim in
England entflohen
weil sie das Leben
in Monaco
am Mittelmeer
so unendlich liebt

Denn das Heim ist nicht da-
heim
und daheim ist ja nicht das
Heim

Obwohl sie sich
die Prinzessin Caroline
dem freudlosen Tagesablauf
dem nüchternen des
englischen Internats
angepaßt hat und gleich
zu den fleißigsten und
begabtesten Schülerinnen
gehörte

Spieln mir lieber wieder
Kartn, das is gscheiter.

spürten alle
daß die Prinzessin
doch Heimweh hat

Denn das Heim ist nicht daheim
und daheim ist ja nicht das Heim.

Er verbeugt sich: Das war der Song vom Heim.

Wenn man die Zeit zruckdrehn könnt, das wär besser.

Spieln mir Kartn, is
gscheiter.

Des hast damals schon gwußt.

Das fallt dir schon wieder
ein. Wennst wieder draußn
bist, dann erinnerst dich
schon, das is sicher.

Das is ebn der Unterschied.

Spieln mir Kartn.

Wenns bloß ein Auto is, dann
passiert dir eh nix. Kriegst
ein halbes Jahr. Das sitzt
ab und gehst wieder. Fertig.

HERIBERT DENGK	OSKAR SCHUSTER
Wenn man die Zeit zruckdrehn könnt, dann wär ich ja gar ned da.	
	Genau. Man müßt die Möglichkeit ham, eine Stund –
eine Minutn tät es auch. Eine Minutn müßt man ändern können, dann wär ich auch überhaupts ned da.	
	Wenn ich es sag.
Warum? Wenn ich das Auto ned gstohln hätt, wär ich ja überhaupts ned da. Und warum hat er es gstohln. *Lacht.*	
Aber jetz nimmer.	
Wo man jetz da is.	
Genau. Wenn nämlich heut damals wär, tät ich es ned stehln.	
Wenn ich selber ein Auto ghabt hätt, hätt ich es nicht gestohln.	

Muaßt aber aufpassn. Die
Hund die ham jedn Tag 100
Autos die gstohln werdn.
Da wolln die Herrn natürlich
jetz angebn, aufdrehn, gell.
Jetz wirst sehn, jetz werdens
einmal tausend Autodiebstähle
durchschaun und bei jedem
sagns: des war er auch.
Damits nachat vor ihre Vor-
gesetztn protzn können, weils
ungeklärte Fälle aufglöst
ham, damits ein Stern mehr
kriegn, auf ihrer gräußlichen
Hühnerbrust die Deppn, die
gschissnen. Mei, ich habs ja
so dick. Wenn ich einen
Polizistn sieh, dann wird
mir schon schlecht. *Nickt.*

Lacht.

HERIBERT DENGK

Wo es mir eh egal is.

OSKAR SCHUSTER

I aa.

HERIBERT DENGK

Genau, des geht automatisch.

OSKAR SCHUSTER

Lacht: Wenn ich einen Wunsch frei hätt auf der Welt, dann tät ich 10 Polizistn wolln. Die jagert ich von Lienz nach Oberlienz, nackert. Und hintnnach gingert ich mit einer Geisl und schlagert ihnen in den Arsch hinein. Und dann laßert ich sie da vor der Liburg Aufstellung nehmen, alle nackert. Hundert Kniebeugn im Schnee, und dann laßert

Lacht.

Lacht.

Genau heut is Besuchstag, bloß
wenn niemand kommt,
merkt man es nicht. Jedn
Dienstag Besuchstag meine
Herrn. Und heut ham mir
Dienstag, falls sie es nicht
wissen!

ich sie 24 Stunden aufrecht stehn im Schnee, nackert, und wer ned dafrorn wär freiwillig, dem hauert ich noch ein Trum hinauf.

Lacht.

Das wär schön.

Lacht schallend: Stellts euch das vor: 10 Polizistn nackert! *Lacht:* Laufen von Lienz nach Oberlienz und retour. Und ich mit einer Geisl hintnnach. Gell und wenn einer ausschwärmt, weil er abhaun will – ich hab ja ein Pferd oder ein Motorradl – dann rrt erm nach und rums eine drauf! *Lacht schallend:* Ganz Lienz müßert Aufstellung nehmen und zuschaun!

Ob mich heut wer besucht?

Genau.

Geh spieln mir ein bißl Kartn,
daß die Zeit vergeht.

Oskar, zu zweit is fad.

HERIBERT DENGK

OSKAR SCHUSTER

Na, heut kommt niemand, heut is schlecht, das spür ich schon.

Es nägste Mal.

Ja.

Genau.

Genau, wennst gwinnst,
schaut alles ganz anders aus.
Lacht.

Ich misch einmal!

HERIBERT DENGK

OSKAR SCHUSTER

Ein bißl.

Sie setzen sich wieder, wie zu Anfang des Stückes, und fangen an, Karten zu spielen. Wie am Anfang. Watten je Bummerl, eine Zigarette. Es ist möglich, daß das Publikum nicht merkt, daß dieses Spielen ihm die Möglichkeit gibt, aufs Klo zu gehen, oder einen Schluck zu trinken, weil es sich ja um die konventionelle Pause handelt. Je nach dem, was man von seinem Publikum hält, sollten die Türschließer vielleicht nachhelfen, indem sie den Türen öffnen.

Fünfe vorbei.

Hunger?

I aa.

Wennst magst.

Ja.

Merche!
Ißt.

HERIBERT DENGK

Wie spät isn?

Daß die Zeit ned vergeht.

OSKAR SCHUSTER

Genau.

HERIBERT DENGK

Nickt.

OSKAR SCHUSTER

A Brot hab ich noch, wennts es wollts.

HERIBERT DENGK

Nickt.

OSKAR SCHUSTER

Dann hörn mir wieder auf. *Geht zu seinem Bett, neben dem Fenster, holt aus dem Zwischenfenster einen Frischhaltebeutel, holt ein Stück Brot heraus, schneidet zwei Scheiben ab, gibt sie.*

HERIBERT DENGK

Räumt die Karten zusammen, putzt die Decke auf dem Tisch ab, räumt auf etc.

Ißt.

OSKAR SCHUSTER

Räumt zurück.

HERIBERT DENGK

Mein Hund hätt das Brot nie gfressn. *Lacht.*
Des hats natürlich auch nie braucht, weil er immer gnua anders ghabt hat. *Lacht.*
Das is eine schöne Zeit gwesn.

Ein Hund wo brav is, weil er
treu is, das is was wert.

Hunde sind treu.

Hättstn halt mitgenommen
zum Sitzn. De hättn vielleicht
Augn gmacht, wenn da so
ein Bär ankommt. *Lacht.*
Ders alle frißt.

HERIBERT DENGK

Kurz aber schön.

Mei, das war ja so ein netter
Hund, das kann man gar ned
sagn, wie nett der war. Der
hätt mich aus einer Kompanie
außerkennt, weil er mich
so gut kennt hat.

Ned alle, aber der schon.

Mei, man muß sich halt
abfindn, weils ned anders
gangen is.

Des war ja bloß ein kleiner,
kein großer ned.

OSKAR SCHUSTER

Kinder san besser.

HERRMANN RASCH

›Hund sitzt mit seinem Herrn‹
Lacht. Eine Schlagzeile!

Des kost auch irrsinnig viel
Pension. Spinnst.

HERIBERT DENGK

Na, na, des war ned zum Sitzn. Nix. Sondern es Militär. Den hab ich ghabt, zwischen dem Heim und dem Militär, wie ich in Insbruck garbeit hab, weil ich Schreiner glernt hab im Heim. Da hab ich ihn sogar in die Werkstatt mitnehmen dürfn, so ein Glück das ich da ghabt hab!
Nickt.
Aber wie dann der Einruckbefehl kommen is. *Schüttelt die Schultern ...*

OSKAR SCHUSTER

In ein Tierheim hätt man ihm ned tun können?

HERIBERT DENGK

Des hab ich ned wolln.
9 Monat.

Ebn, das is teuer, wenn man nix hat.
Aber an des hab ich gar ned denkt. Sondern weil er noch so klein war, wo es noch ein Baby war, weil ich ihm nur vier Monat ghabt hab. Des is ein Zwinger von eim Meter für die kleinen Hund, weil ich es angschaut hab. Na, da war der Tod leichter zum Ertragn, das is sicher. *Er weint.*

Magst ein Zuckerwasser, dann vergeht der Hunger.

Nimmt Berts Napf, richtet ihm ein Zuckerwasser, gibt es ihm.

Des is vielleicht ein Depp, der Oskar. Weil du eine Familie hast, und wo bist?

Laut: Genau.

HERIBERT DENGK | OSKAR SCHUSTER

Nickt.

Merche. Na, des war schon richtig, weil jetz tät er ja auch wieder drin sein müssn, wo ich keine Zeit hab.

Wenn man jemand hat, für den man sorgt, kommt alles anders.

Des war ein Pech, sonst nix.

Der war ja noch ganz klein, weil er nix verstandn hat. *Nickt:* genau, der hat ja des gar ned gmerkt.

Lacht: Eine Mordsfreud hat er ghabt, weil er Autofahrn hat dürfn. Und in der Innenstadt, weil mir warn ja sonst ned drin, mir zwei, da hat er gschaut und wie ihm alles interessiert hat! *Lacht:* Weil er es ned kennt hat wie ich. Ganz narrisch war er und ich bin stehnblieben und hab ihm schnuffeln und bieseln lassen, wie er wolln hat. Soll es noch ausnutzn, hab ich

Man muß sich abfindn. Jeder
is seines Glückes Schmied.

Wennst wieder nauskommst,
schaffst dir einen neuen an.

denkt. Aber dann warn mir bstellt und es hat doch pressiert. Auf den Tierarzt is er zugangen und hat gwedelt. Grad eine Freud hat er ghabt. Der Tierarzt hat ihm gstreichelt und dann ham mir ihm auf den Tisch ghobn und er hat immer noch nix gmerkt und hat gschaut.
Ich hab ihm ghaltn und gstreichelt und gsagt: brav, brav, glei is vorbei. Die Spritzn hat er gar ned gmerkt, sehr gschickt, der Tierarzt. Glei war er weg. Kein schlimmer Tod, das muß man sagn, weil ich ihm ja ghaltn hab und gstreichelt, bis es nicht mehr notwendig war, weil er es nimmer gemerkt hat.

Genau. Privat in eine Pflege hätt ich ihm gebn wolln. Hergschenkt hätt ich ihm auch, wenns ein guter Platz is, aber viele Leut hat man ned kennt, und die man kennt hat, die ham ihm ned wolln. Weil er nicht reinrassig war, bloß ein Mischling. Das war sein Pech.

Wenn er einen Hund will,
will er einen Hund.

HERIBERT DENGK

Lacht: Genau, weil es viele gibt. Ja.

OSKAR SCHUSTER

Oder eine Familie, das is besser.

Ich sag ja bloß meinen Rat.

HERIBERT DENGK

Weil das ned einfach is, wenn man unsereiner is.

Der Song von der Ehe:

Gutaussehende Dame in
guter Position, eins sechzig
achtundzwanzig und blond
wünscht gebildeten
Herzenspartner mit
Wärme in guter Position

Unter:
Das Herz allein entscheidet
alles andere gilt mir nichts

Lady
sich nur gelegentlich
so verkleidend und jung
Selbstanpreisung abgeneigt
impulsiv meist heiter und
höherer Staatsdienst sucht
Lord
Persönlichkeit und Menschenkenner

Freund klassischer Musik
gerne wissenschaftlich oder
mathematisch oder freiberuf-
lich
tätig und wanderfreudig
ab eins siebzig und
nicht älter als vierzig
mit Ambitionen als Vater

Unter:
Das Herz allein entscheidet
alles andere gilt mir nichts

In einem kleinen Dorf wohnt
Renate ein allerliebstes Mädel
Anfang zwanzig in kleinem
Zimmerchen
Sie ist arm, ganz arm und
trägt keine eleganten Kleider
braucht keinen Lippenstift und
freut sich über einen Kino-
besuch
oder einen kleinen Blumen-
strauß so sehr
Wie würde sie sich freuen käme
ein einfacher Mann, der nett
ist
und lieb, gern vom Lande
geschieden zwecklos

Unter:
Das Herz allein entscheidet
alles andere gilt mir nichts

Wunderbare Ehe ersehnt
neunzehnjähriges Mädel blond
mit blauen Augen und ledig
Da Vermögen, Einkommen

HERRMANN RASCH

und Sportwagen
vorhanden entscheidet nur
die Liebe wann und wo
treffen wir uns Liebster

Unter:
Das Herz allein entscheidet
alles andere gilt mir nichts

Witwe mit zwei Kindern
eins achtundsiebzig vollschlank
in gesicherten Verhältnissen
lebend künstlerische Nei-
gungen
und Beruf
Welcher große stattliche Mann
erlöst sie aus der Einsamkeit
mit Format

Unter:
Das Herz allein entscheidet
alles andere gilt mir nichts.

Verbeugt sich: Das war der Song von der Ehe.

Mei, wenn ich jetz heimkommert, die tätn vielleicht schaun. Die Kleinere die fallert mir gleich umman Hals! *Lacht:* Und mei Alte tät sagn: hams dich schon wieder auslassn? Alter Schlawiner. Na

HERRMANN RASCH

Und morgn wärst wieder
herin, weilst ausbrochn bist!

täts zerscht lachn, und nachat weinen. Die weint immer, wenn ich heimkomm! Wis letzte Mal. I dad sagn: Siegst es ja! Nachm Einsperrn kommts Auslassn! Warum dads sagn! Weil ich aber ausbrochn wär, tät ich sagn: der kluge Mann genießt und schweigt!
Was hastn zum Essn? – Mei Frau kocht gut! Ja, wenn nix daheim waar, müßerts was einkaufn, das is klar. Irgendwann kommert dann der Bua, woaß ned, ob er nachmittags oder vormittags Schul hat. Des is ein bißl ein Schüchterner! Zerst tät er dastehn und dumm schaun und dann fallert er mir auch um den Hals. Der weinert auch! *Lacht:* A netter Bua!

Des waar was!

Na. Wenn ich einmal ausbrechn tät, dann tätn mich die nie wieder erwischn, das garantier ich! *Lacht.*

Da is es eh ein Witz!

Ebn. Ein Stab absägn, außerbiegn, und auße. Vielleicht tu ich es eh noch, wenns mir zu dumm werd. *Lacht:* Die tätn vielleicht schaun, wenns in der Früh kommen. Wo is der Herr Rasch? Mir ham gschlafn, täts ihr sagn! *Lacht schallend.*

Des muaßt auf jedn Fall, wenn mir jetz Oktober ham.

Brechn mir aus!

Wenn i ned so blöd gwesn wär, und hätt mich verhaftn lassn, dann könntns mich heut noch suchn!

HERIBERT DENGK	OSKAR SCHUSTER
Genau.	
Mir tätn schon mitgehn, du Depp!	
	Wenn ich über Weihnachtn bleibn muß, brich ich aus!
	Dann brich ich aus! Genau.
Jawoll!	
Was man hinter sich hat, hat man hinter sich.	

Hart mußt du sein, Landgraf!

Zu Oskar:
Machn mir ein Schach.

Halbe sechse.

HERIBERT DENGK

Wo eh bloß der Anfang schwer
is, weil wenn man alles
kennt, kennt man sich aus.
Basta.

Wie spät is?

Halbe Stund noch, dann gibts
was.

OSKAR SCHUSTER

Später, da is auch noch Zeit
gnua.

Daß du so ein Hunger hast!

HERRMANN RASCH

Wo er sich keine Zusatznahrung kaufn kann und jung is, is das klar. Mir fressn ja unser Zusatznahrung, oder ned. Wie viel Geld hastn deponiert?

Genau. Die kannst immer noch verfressn, wennst dich hinaussiehst.

Ich hab auch Hunger, mit oder ohne Zusatznahrung.
Weilst zuviel studierst, da kommst auf kein vernünftign Gedankn, des is klar. Außerdem hast du eh noch eine Wurscht, oder ned?

Bis hin is.

HERIBERT DENGK

OSKAR SCHUSTER

200 Schilling, aber die heb ich auf, weil man ned weiß, was passiert.

Ich ned.

Die heb ich auf, wenn ich doch noch mehr Hunger krieg.

Des wird ned so schnell hin, eine Hartwurscht.

Redn mir von was anderm.

Wenn ich jetz meine Geign dahätt, tät ich euch was vorspieln.

Depp. Wie ich noch in der Kapelln war, ham mir sogar einmal für einen Rundfunk gspielt!

Depp, wo das so eine schöne Zeit war. Das war vielleicht die schönste Zeit in meim Lebn. Mir sind ja praktisch immer unterwegs gwesn.
Singt: Heute dort, morgen da!

Weiber. *Lacht:* Des ergibt sich ganz von selber, wennst so unterwegs bist.

Mechst es wissn? *Lacht:* Mei, mir warn ja so blöd, weil mir gmeint ham, die kommen zu uns, weil ihnen das Rundfunkorchester selber ned gut gnua is.
Na ham mir uns gfreut gell!
Und dabei war des für ein Hörspiel und in dem war verlangt, daß das ein Laienorche-

HERIBERT DENGK

Lieber Hunger, als wie daß du Geign spielst.

Programm für die Taubstummen.

OSKAR SCHUSTER

Was habtsn da gspielt fürn Rundfunk?

ster is, was da spielt. Drum sind die zu uns, weils ein Laienorchester habn ham wolln.

Freile. Wenn mir damals so gut gwesn wärn, daß mir besser gwesn wärn wie das Rundfunkorchester, dann hättns uns ja ned als Laienorchester nehmen können.

Lacht: Genau. Aber so gut sind mir halt ned gwesn.

Ich bin sogar einmal aufd Abendschul gangen, ein paar Wochn! Zwengs dem gutn Eindruck für die Bewährung und so.

Ich habs ned können, weil ich ned mitkommen bin.

Mein Nachbar, der war guat. Der hat mir eh gholfn die

HERIBERT DENGK

Is doch wurscht. Musik is
Musik, wenns gfallt.

Dann waar des Rundfunk-
orchester das Laienorchester
gwesn.

Des is fad auf die Dauer ja.

OSKAR SCHUSTER

Es is halt allerweil einer da,
der besser is als man selber.

erste Zeit.
Aber weil ich gmerkt hab,
daß es nutzlos is, hab ich
nimmer mögn.
Der Älteste in der Klass und
der Blödst. Da hab ich auf-
ghört, weil ich mir gsagt hab,
lieber blöd als wie lächerlich.

Genau.

Mir san bloß Durchschnitt
meine Herrn, sonst nix.

Der Song vom Durch-
schnitt:

Gestern: graduierter Ingenieur
mit Zukunftsplänen heute
Hochqualifizierter Fachmann
in einer expansiven Branche
EDV Wartungsingenieur bei
Siemens

Denn wer heute fünftausend
verdient
der hat schon morgen zehn
und wer heute fünfhundert
verdient
der hat schon morgen nichts

Zuverlässigkeitsingenieure für
die
Bearbeitung von Zuverlässig-
keitsfragen im
Zusammenhang mit Regel-
systemen für

HERIBERT DENGK

OSKAR SCHUSTER

Mir san schon zalt zum lernen.

Ich ned.

Land-, Luft- und Seefahrzeuge
bei
Honeywell

Denn wer heute fünftausend
verdient
der hat schon morgen zehn
und wer heute fünfhundert
verdient
der hat schon morgen nichts

Bildungsreferent für die
Kooperation mit anderen Trä-
gern der
Weiterbildung wie Arbeits-
ämtern der
Industrie- und Handelskam-
mer und
den Gewerkschaften und die
Bildungsberatung im
Weiterbildungsbereich bei
Stadtverwaltung Düsseldorf

Denn wer heute fünftausend
verdient
der hat schon morgen zehn
und wer heute fünfhundert
verdient
der hat schon morgen nichts

Verkaufstrainer mit
technischem Geschick Video
Recorder und Industriekauf-
mann mit
sympatischem Äußeren und
Überzeugungs- und Tatkraft
bei
Firma Ebert

HERIBERT DENGK

OSKAR SCHUSTER

Denn wer heute fünftausend
verdient
der hat schon morgen zehn
und wer heute fünfhundert
verdient
der hat schon morgen nichts

Das war der Song vom Durchschnitt. *Verbeugt sich.*

Des Lernen is heut eh passé
Bei uns daheim hats gheißn:
wer was lernt kost was, und
wer was arbeit bringt was.
Alle fünfe ham mir garbeit.
Einen Minderwertigkeitskomplex hast du, das is es.

HERIBERT DENGK	OSKAR SCHUSTER
Des war ebn der Schmarrn, daßd in dem Heim bloß Schreiner und Bauer hast werdn können.	
	Schreiner is besser.
Ebn, da bin ich Schreiner wordn. Wo ich technischer Zeichner hätt werdn wolln.	
	Hättst ein Talent zum Zeichnen?
Nickt.	
Na, bestimmt ned, weil ich das wissn tät. Weil einer technischer Zeichner werdn will, braucht er keinen Minderwertigkeitskomplex. Es is bloß fad, wenn man nix an sich findt, was die andern imponiert.	

Es gibt immer ein, ders noch besser kann. Ich war ja auch bloß in eim Laienorchester.

Lacht.

Des war ja auch schlecht gmacht. Des machert ich heut ganz anders. Keine Kunst.

So schnell tätst du gar ned schaun können, wie ich draußn sein tät. Sssst eine Wolkn, sonst nix.

Genau. *Lacht.*

In zwei Stund könntst schon bei der Altn liegn.

Ich gangert zfuß nach Wien, wenns mich nur lasserten.

HERIBERT DENGK	OSKAR SCHUSTER
	Und beim Scheckfälschen hams dich erwischt! *Lacht.*
Lacht.	
Wenn er jetz kommen tät und sagn tät, Herr Dengk Sie können gehn, weil es ein Irrtum war, dann bleibert ich noch bis morgn in der Früh. Weil was tut man jetz draußn. Morgn, tät ich sagn, nach dem Frühstück *Lacht.*	
Wie Winnetou! *Lacht.*	
	Ich tät sofort aufstehn wie der Herrmann.
Wost ned weit wohnst.	
	In zwei Stund tät ich daheim sein.
	In drei.

HERRMANN RASCH

HERIBERT DENGK

Ich schon auch. Aber des passiert ja doch ned, daß er kommt und aufsperrt.

OSKAR SCHUSTER

I wer ein bißl lesn, daß die
Zeit vergeht.

Fangt man ebn wieder von
vorn an.

Erstens: Aus der Gefängnis-
bibliothek

Aus den Rosenwundern von
San Miniato bei Florenz steigt
der

HERIBERT DENGK

OSKAR SCHUSTER

Wenns noch epps Neues gebn tät.

Genau.

Der Song von der Lektüre:

schwüle Duft wie ein Opfer-
 rauch von
Liebesaltären zur
schimmernden Sternenhoheit
Ein bleiches schönes Gesicht
starrt du liebst mich nicht
 mehr
so glaubt sie ihn ans Kreuz
 zu nageln
Aber
der starke sehnige Mann reißt
wieder ihre Arme an sich ich
will kein Heuchler sein
Ginevra Prinzessin der Rosen
Oh daß wir

Zweitens: Illustrierte der
Jahre 66 bis 69.

Arndt von Bohlen gehört zu
den
wenigen Multimillionären die
ihr Geld
auf wirklich großzügige
Weise unter
die Leute bringen
Das macht ihn den anderen
Millionären
verdächtig. Sie erkennen
in ihm
den Mann der sich um Geld
nie wirklich
hat Sorgen machen müssen
Millionäre besonders in
Deutschland
pflegen ihren privaten
Reichtum im

allgemeinen diskret zu
handhaben
Einfache Sterbliche sagen
von ihnen sie sind reich weil
sie
sich von der Garderobenfrau
das
Wechselgeld von einem
Markstück
herausgeben lassen. Arndt
nicht
denn

drittens: Kriminalroman-
detektivgeschichten.

Ich ging zu ihr hinüber und
packte sie an den Armen ihr
Gesicht wurde hart Wenn du
grob wirst, werde ichs auch
Mir ging ein Licht auf Sei
vorsichtig Blondi das Spiel-
chen ist gefährlich für dich
Sie griente höhnisch gleich
fange ich an zu heulen Ich
zuckte mit den Achseln und
ließ sie los sie öffnete
die Tür und trat auf den
Korridor hinaus Wenn
sagte sie wir uns wiedersehen
sollte es mich wundern ich
und

Sie verbeugen sich: Das waren die Möglichkeiten der Lektüre im Knast.

Krimis sind eh das Beste. Aber

Genau Leichn.

Wo es bloß Fantasie is. Echte Verbrechn lesn is es Beste.

Genau. Millionen.

Bestimmt. Wenn Verletzung dabei war. *Lacht:* Dann is es gar nicht schlimm, wenn man an sich selber denkt und die paar Monat.

Genau.

Ebn, weil die mit die Jahre hart sind. Beinhart. *Lacht.*

Das kann interessant sein.

Du plärrst bloß wegn dem Hund.

HERIBERT DENGK — OSKAR SCHUSTER

die hab ich alle schon glesn,
die da sind.

Ebn weil das ablenkt.

Banküberfälle.

Wenn sies erwischn. Beim
erstn Mal zwischen drei und
vier Jahr.

Lächerlich is das dann.

Alle sind ned gleich.

Wenn ich nach Insbruck komm,
dann komm ich eh zam mit
denen. Bestimmt.

Aber an Weihnachtn plärrns.

Da plärrt ein jeder, wenn es
sein muß.

Ich hab ned plärrt.

Aber an Weihnachtn ned, weil
mir des wurscht is. Wo ich
es nie erlebt hab, braucht man

Oder selber ein Kind noch is.

Wenn er nix von seiner Jugend ghabt hat.

Glaubst ich ned? Ich hab eine herrliche Jugend ghabt, wenn man es vergleicht.

Eine herrliche Jugend hab ich ghabt. Da muß man der Wahrheit die Ehre lassn. Einmal, da sind mir sogar auf drei Wochn ind Sommerfrisch gfahrn. Das war eine Aus-

ned weinen, weil man es versäumt.

Genau, das is auch ein Vorteil in so einem Fall.

Da tät man sich vorher schon erkundign, das glaubst, weil ich nicht dumm bin. Heimweihnacht is gschissn.

Genau

Im Heim war ich halt.

Das is die Familie, wost ned hast.

Aber wennst einmal selber Kinder hast, dann weißt du nicht wie das is eine Bescherung.

Das kommt eh von selber die Liebe, daß einem was einfallt.

Wo es ein Fest für Kinder is. Wenn man Kinder hat, is es schön.

Genau.

Ich schon.

nahme, aber ebn unvergeßlich.

Ausdruckslos: Ich hab eine herrliche Jugend ghabt.

Des is doch wurscht. Besser ein Vater wo eine Watschn gibt, wie kein Vater.

Was man am eigenen Leib erlebt, das prägt sich ebn ein.

HERIBERT DENGK

OSKAR SCHUSTER

Lacht: Wo ich mich am meistn dran erinnert, des san die Prügl.

Schiß ham mir halt ghabt. Weil die Mama hat ned ghaut, de hats bloß aufd Nacht em Vater verzählt und dann hats duscht.

Genau, ich hau meine Kinder ned, weil man nie wissn kann.

Er schlagt bloß Polizistn.

Des tät ich noch bereun.
Schad, daßd sie ned derschlagn hast.

Nickt: Zehn Polizisten von Lienz nach Oberlienz. *Lacht.*

Genau.

Steht auf holt sich eine Jacke: Kruzefix, wenns aufd Nacht ned allerweil so kalt waar, waars ganz gemütlich.

Scheißer, blöde. Und mir friern.

Genau.

HERIBERT DENGK

OSKAR SCHUSTER

Lacht.

Wenn man einen Rausch hat
und nix weiß.

Blöde Sau, damit ich die
nägstn zehn Jahr sitz.

Wo es bloß ein Witz war.

Wenns die Heizung zmittag
ausschaltn.

Weilst keine Bewegung hast.

Wenn ich nach Insbruck komm,
meld ich mich sofort in die

Is ehs Beste arbeitn, dann
kommst auf andere Gedankn,
wennst dich auslebn kannst
ein bißl.

Is eh guat, dann kannst dir
eh was leistn bei der Aus-
speisung.

Des san 90 Schilling in der
Wochn. Wost eh ned mehr
als fuchzig Schilling Zusatz-
nahrung in der Wochn kaufn
kannst, sparst ein Haufn.

Genau, weil des wichtig is.
Daßd ned dastehst wies Kind
im Dreck.

Daß man sich das Lebn nach
seim Gschmack einrichtn kann,
genau.

Weil man was braucht, wo
man sagt, des bin ich, des
kann bloß ich sein, des hätt
kein anderer sein können. Wo

Ziegelei. Daß die Zeit ver-
geht.

Des Geld is wichtig. Drei
Schilling in der Stund. Wost
sechs Stund arbeitn kannst,
san des achtzehn Schilling.

Im Tag.

Genau und die zweihundert,
wo ich so hab, brauchn ned
anpatzt werdn.

Wenn ich wieder aussekumm.

Wo der Anfang das Wichtig-
ste is.

Sonst gehst unter.

man sich immer erinnert,
wenns sein muß.

Schmarrn, eine schöne Wohnung oder sowas. Irgendwas halt, was eim allein ghört und ein die andern deswegn beneidn.

Zum Beispiel. Daß man sich rauskennt aus der Masse. Wie alle andern auch. Das is wichtig. Ich hab es mir schon immer eingerichtet.

Besser schon wie ein Auto klaun, über den Felber Tauern fahrn und gschnappt werdn.

Kavaliersdelikt. Wennst ein nettn Richter findst, der ein Verständnis hat, kriegst eh bloß eine Geldstraf.

HERIBERT DENGK	OSKAR SCHUSTER
	Ein Mord.
Ein Auto.	
Scheckfälschn is auch ein Schmarrn.	
Des war ja ein Irrtum, des mit dem Auto.	
	Raufn is das Blödste.
	Genau.

Vielleicht is er morgn draußn.

Paragraph 81 gegen die Staatsgewalt. Zehntausend Schilling.

Dann is eh ghupft wie gsprungen. Dann sitzt sowieso, brauchst dir keine Gedankn machn.

Dann hättns dich eh noch heimgfahrn mitm Streifnwagn.

Dann geht man ned unter in der Masse. Genau und braucht keine Extratourn.

Weil die merkn auf jedm Schritt, daß das sie sind und kein anderer wie mir. Der steht in der Früh auf in seiner Villa und sagt: Das kann bloß ich sein, der jetz da aufsteht. Da brauchts keine Bestätigung von außerhalb, weil man sie sowieso hat.

HERIBERT DENGK

OSKAR SCHUSTER

Na tätns ihm ned in U-Haft.

Wieviel Geldstraf.

Des ham mir ned.

Wenns Geld wurscht gwesn wär, hätt ich eh gsagt: da habts ein jeder fünftausend und es is vergessn. Oder.

Lacht: Genau.

Millionär.

Das tät es sein. Dann tät ich nicht da sein.

Klar, da kommst ja auf gar
kein abwegign Gedankn,
wenn eh alles stimmt.

Ein guter Mensch wird seltn
fett.

Ja des is aber absichtlich, was
die tun, wennsis tun. Das
mein ich ned.

Genau.

HERIBERT DENGK

Einen Millionär, der wo im Zuchthaus is, den mußt suchn. Genau.

OSKAR SCHUSTER

Des dauert lang.

HERIBERT DENGK

Geld allein macht ned glücklich, heißt es.

Es gibt auch Millionärsschicksale.

OSKAR SCHUSTER

Und Ausnahmen.

Der Song von der Hoffnung:

Universum und 4 Wellen
  Luxus-
koffer mit Stationstasten und
Automatik und exklusiv von
  Phillips
Besonderheit Senderwahl
  durch Tastendruck
Anzahlung 20 Mark komplett
  mit Batterie nur einhundert-
  achtundneunzig Mark
  neunzig

HERRMANN RASCH

Kauft ihr Leute kauft nur ein
das hält die Großen groß
und die Kleinen klein

Vier-Flammen-Allgasherd
ein Gerät der
absoluten Superklasse und
fantastische
Brennerausstattung und voll-
gesichert
Elektronikzündung und in
Sekundenschnelle
brennt jede Flamme und ein
Jahr Garantie
Anzahlung achtundsechszig
Mark und Raten
Komplett sechshundertsieben-
undachtzig Mark

Kauft ihr Leute kauft nur ein
das hält die Großen groß
und die Kleinen klein

Auf alle Uhren gewähren wir
im Rahmen
unserer Garantiebestimmun-
gen zwölf Monate
Garantie und alle Uhren sind
elektronisch
geprüft und entsprechen den
vom Fach-
Normenausschuß für Uhren
herausgegebenen
DIN-Normen

Kauft ihr Leute kauft nur ein
das hält die Großen groß
und die Kleinen klein

HERIBERT DENGK

OSKAR SCHUSTER

Zwei hochelegante und ausgesucht wertvolle
Frottierhandtücher in herrlichsten Farb
kompositionen und dicht gewebte und erst
klassige Frottierqualität die verwöhntesten
Ansprüchen nachweislich gerecht wird
Indanthren Größe cirka 50 mal 100 Zentimeter

Kauft ihr Leute kauft nur ein
das hält die Großen groß
und die Kleinen klein

Bei Verwendung der weißen Spezialleiste
entsteht der Eindruck, daß die Vorhänge
direkt aus der Decke kommen durch Befestigung
der Spezialleiste an der Zimmerdecke
Diese Dekoration ist besonders wirkungsvoll
und sehr beliebt und ein Beispiel aus Tau
senden: Schöner Wohnen schönes Heim Katalog
Postkarte genügt und kostenlos

Kauft ihr Leute kauft nur ein
das hält die Großen groß
und die Kleinen klein

Träume.

Weil man halt alles habn
will, was man siegt, wenn
man es siegt.

Ebn, mir können uns eh ned
beschwern. Fehlt doch nix.
Essn, trinkn, schlafn. Kaum
dreht man sich um, is die Zeit
vorbei und es Lebn fangt
wieder an.

Des dad ich nie, Lieferant.

und so muß es sein. Wichtiger Hinweis

Is doch wurscht, wennd Zeit vergeht.

Alles ned.

Wo man eh bloß redt. Mein schönster Beruf war als Brotausfahrer.

Lieferant?

Herrlich. 10 Gschäfte. Bin ich überall einigangen, Lieferwagn draußn stehn lassn. Was darf es sein? Ich hab ja 10 Brotsortn im Auto ghabt. Interessant. Für besonders gute Kundn ham mir Kundn-

Welchn?

Technisches Talent.

dienst gmacht. Altes Brot – des hab ich abgriffn, weil ich das selber entschiedn hab, gell, hab ich gegn neues umgetauscht. Des hat aber die Firma wolln, das man das so macht bei der guatn Kundschaft. Die andern ham auf eigenes Risiko kaufn müssn.

Des war schön. Da ham mir auch einen großen Rundfunk beliefert.

Etwas Amerikanisches. Radio Liberty. Die Kantine hat bei uns den Toast bezogn. Die war im oberstn Stockwerk, 10. oder 15. Stock. Mit Dachgartn. Des war ganz vornehm. Und da is eines Tages etwas Interessantes passiert. Ich komm mit meim Toast hin und da stehn alle um die Kaffeemaschin herum. Dann hab ich mich auch dazugstellt und dann hab ich erfahrn, daß die Kaffeemaschin grad kaputt gangen is. Was soll ich viel sagn. Ich hab sie angschaut und hab sie gricht. Die wird heut noch gehn.

Genau. Die ham vielleicht alle gschaut, wie ich die richt. Eine kleine Sensation.

HERRMANN RASCH

Schwindel!

HERIBERT DENGK

OSKAR SCHUSTER

Ein einfacher Brotlieferant richtet eine komplizierte Kaffeemaschin. Einfach so. Ich mach ja daheim auch immer alles, gell, weil ich ein Interesse hab. Aber, das war ein schöner Augenblick, wie man es alle bewiesn hat.

Des mecht ich auch.

Ich war dann gutangesehn, in der Folgezeit. Bloß daß ich dann aufghört hab, das war ein Blödsinn. Da könnt ich heut noch sein bei der Firma. Da war eine tolle Vertretertätigkeit in der Zeitung. Dreitausend Schilling oder so in der Wochn. Da hab ich kündigt.

Ned direkt, weil man es hätt verdienen können, wenn man viel verkauft hätt. Aber es war ebn ein schwieriger Artikel. Elektrische Zahnbürsteln.

Wer kauft denn sowas.

Ebn, da hab ich schlechter verdient wie mitm Brot. Bloß zrückgehn hab ich auch nimmer wolln. Weil ich die Kollegn erzählt ghabt hab, daß ich jetz nachat 3000 in der Woch verdien. Wenn ich dann wiederkommen wär, das wär ja lächerlich gwesn.
Schad.

Blöder Hund, wo des gar
nix nutzt.

Wieviel?

Unverbesserlich, der Mensch.

Ebn.

Größer wie ich.

Dann war er groß.

HERIBERT DENGK	OSKAR SCHUSTER
	Kurz danach hams uns dann mein Auto pfändt, weil die Ratn ned zahlt warn, wegn dem Blödsinn. Das war das erste Mal. Wie der Grichtler an mein Auto langt, hats kracht.
	Des hab ich mir nachher auch denkt. Aber da war es schon passiert.
	Viertausendfünfhundert Schilling Strafe. Sechs Wochn bin ich gsessn weil mirs ned ghabt ham.
Is doch wurscht.	
	Wenn einer ein Pech hat, dann kann er nix machn.
Des geht einem ebn durch. Ich hab mir im Heim, in der Lehr immer einbildt, der Meister sticht mir ein Nagl in die Augn. Der hat immer einen Nagl, einfach so, in der Hand ghabt. Das war ein ganz ein Großer.	
Und wie.	

Du spinnst ja, wenn der sowas tut, is das ein Sadist. Der kommt ins Irrnhaus.

In Schwedn kann man im Knast jedn Beruf erlernen, den man will.

Da kannst überhaupts nichts lernen. Arbeitn darfst, wennst

HERIBERT DENGK

OSKAR SCHUSTER

Genau, wo ich es nicht bin. Wenn der plötzlich hinter mir gstandn is und auf mich gschaut hat wegn der Kontrolle, hab ich immer bloß auf seine Händ gschaut und den Nagl.

Er hat es ja auch nie getan, bloß ich hab es immer geglaubt.

Heut is das eh vergessn.

Wennst du technischer Zeichner werdn willst, hast immer etwas Spitzes in der Hand und der Chef auch. Dann tät ich das ned werdn wolln an deiner Stell.

Dann wär es ganz was anderes, als technischer Zeichner.

Bei uns ned.

das Glück hast, daßd in eim
Knast bist, wos das gibt.
Wennst brav bist, als Aus-
zeichnung, für drei Schilling
die Stund.

Genau.

Sechse.

Spieln mir noch ein bißl
Kartn, bis soweit is?

Schon wieder?

HERIBERT DENGK

OSKAR SCHUSTER

Besser wie nix.

Aber in Schwedn tät ich dann
trotzdem lieber sein, wenn
das möglich wär.

Schwedn is weit.

Wie spät isn?

Dann gibts jetz eh gleich das
Essn.

Oder ein Schach.

Spielts ein Schach, ich geh
eh einmal Scheißn.

Wo er Hunger hat.

HERRMANN RASCH

Ein Schach.

Er bringt das Spiel, baut es auf.

HERIBERT DENGK

Wo mir ned gut is.

OSKAR SCHUSTER

Kommt zum Tisch, spielt.

Geht wieder aufs Klo, wie
vorher, er drückt dauernd die
Spülung, es dauert sehr
lange, dann drückt er sie nicht
mehr, es ist ganz ruhig
hinter dem Paravan.

Sau, hör einmal wieder auf!

Drucks Wasser, Luftverpester!

Bertl?

Was?

Warum?
Schaut auch nach, rennt dann aber sofort zur Glocke.

OSKAR SCHUSTER: Der scheißt mit Begeisterung!

OSKAR SCHUSTER: Jetz is was passiert.
Steht auf, geht zum Paravan, schaut hinein: Druck auf die Notglockn, er is zamgfalln.

HERIBERT DENGK: Halt, hörts auf, war ja bloß ein Spaß.

Blöde Sau blöde, wenn ich
jetzt schon hindruckt hätt,
kriegn mir alle eine Wochn
Einzlhaft wegn grobem
Unfug.

Aus Spaß gibts kein Selbst-
mord, weil das grober Unfug
is.

Spieln mir weiter.
Setzt sich wieder, spielt.

HERIBERT DENGK	OSKAR SCHUSTER
	Bist ein Depp!
Wenn es ein Selbstmord hätt sein solln aus Spaß.	
Des hab ich ned gwußt.	
	Setzt sich wieder, spielt.
Wäscht sich die Hände, etc. *setzt sich dazu, schaut ihnen* *beim Schachspielen zu.*	

HERRMANN RASCH

HERIBERT DENGK

OSKAR SCHUSTER

Schachspielen

HERRMANN RASCH

HERIBERT DENGK

OSKAR SCHUSTER

Schachspielen

HERRMANN RASCH

HERIBERT DENGK OSKAR SCHUSTER

Schachspielen

Maria Magdalena

Komödie in drei Akten frei nach Friedrich Hebbel

Personen

Papa
Mama
Marie
Karl
Leo
Peter
Huber
Inspektor
Polizei

Die Sprache ist Umgangsdeutsch mit Süddeutsch.

Erster Akt

1. Hochzeit

MARIE Ganz modern.
MAMA *lächelt:* Steht es mir?
MARIE Das tät mir auch passn.
MAMA Mir gehört es.
MARIE Ein bißl kürzer gmacht und es paßt.
»Omas Kleider der letzte Modeschrei«
wie man weiß.
MAMA Wo ich deine Mutter bin.
MARIE Das macht doch nix.
Todschick.
MAMA Das war schon zehnmal in und aus der Mode.
Lächelt:
Alles schon dagewesn!
MARIE Schenkst es mir?
MAMA Das laßt du stehn mein Hochzeitskleid.
Das zieh ich zu meiner Beerdigung an.
MARIE Und bis dorthin leihst es mir!
MAMA Da laßt du die Finger davon.
Das zieh ich in den Sarg an.
Mein letzter Wunsch der muß dir heilig sein.
Daß du mir ja nicht was anderes anziehn laßt,
wenn ich tot bin
und mich nimmer wehrn kann.
MARIE Wenn ich einmal tot bin könnens mich
von mir aus in blue-jeans in Sarg legn.
Das is mir wurscht wie ich ausschau
wo man nicht gesehn werden kann.
MAMA Dir vielleicht, weilst keine Pietät hast.
Mir nicht.
Ich weiß
was ich mir schuldig bin!
Schüttelt den Kopf.
Nicht zu glauben was einem alles wegnehmen wollen.
Die Kinder und neidisch sind.
Pause.

Das Kleid is meine schönste Erinnerung
und die
darf niemand in die Finger kriegen
außer mir.
Räumt das Kleid weg.
Ja. Das könnts mir anziehn,
wenn ich einmal nimmer bin
weil ich hinüber muß in das Reich der Schatten.
Nickt.
Wer weiß,
was einen da erwartet
und wie schnell kann es gehn!

MARIE Sei ned sentimental!

MAMA Sentimental, wenn man vom Tod redt!
Nickt.

MARIE Kindisch.

MAMA Da frag ich dich dann,
wenns einmal so weit is,
obst du das kindisch findst,
das Sterbn.
Wenn mir uns nachher begrüßn im Jenseits!

MARIE *lacht.*

MAMA Einmal zieht man es mir über den steifn Kopf.
Das is so sicher wie das Amen im Gebet.

MARIE Vielleicht.

MAMA Ich seh es vor mir.

MARIE Wennst so weitermachst stirbst an der Einbildung
von dir.

MAMA Wo ich so krank war.

MARIE Die Hälfte Einbildung.

MAMA Das wirst du wissn.
Wo ich 8 Wochn im Kranknhaus war!

MARIE Aber Krebs war es keiner.

MAMA Weils im Herzn kein Krebs gibt.

MARIE Ebn.

MAMA Was verstehst denn du von der Gsundheit,
wo dir nix fehlt.
Tot is tot ob Herz ob Krebs.
Pause.
Man denkt zu wenig an seinen Tod.

Alles wird dunkel und die Lichter gehen aus.
MARIE Wo hastn das glesn?
MAMA Du hast keinen Respekt vorm Tod,
geschweige vor mir.
Nicht einmal die Kinder
sind einem mehr ein Trost
wenn es so weit is.
Pause.
Wo es nix im Lebn gibt
von mir
was der Reue würdig wäre.
Mir sind katholisch und ham getan was mir können.
Was will man mehr?
Mit dem bißl was dein Papa heimgebracht hat,
hat man ein Schuhgeschäft entwickelt.
Pause.
Genau.
Obwohl mir eine vierköpfige Familie sind
und dein Bruder nix taugt
und alle immer satt wollen sein.
Was will man mehr?
Immer für die Armen ein offenes Herz gehabt!
Erst gestern fünf Mark
für die Kriegsgräberfürsorge.
Wo niemand gefallen is von uns im Krieg.
Das soll erst einmal jemand nachmachen.
Dann redn mir weiter.
Caritas,
Müttergenesungswerk,
SOS Kinderdörfer,
Armeemuseum in Münchn!
Brot für die Welt und
Tierschutzverein.
Was du willst.
Mir ham das unsere beigetragen.
Wenn alle soviel gebn hättn wie mir,
es gäbe gar kein Elend auf der Welt.
Da bin ich sicher. *Pause.*
Eine Angst die zuvor kommt scheint unvermeidbar.
Vor der letzten Stunde.

Man krümmt sich wie ein Wurm!
Ich weiß es.
Alles nochmal anfangen wollen
und die Augen tief hinunterschlagen
vor dem lieben Gott.
Wenn gar nix mehr was nutzt.
Pause.
Ich hab eine solche Angst vor dem Sterbn,
daß ich es niemand sagn kann.
MARIE Reg dich nicht auf und denk
an dein Herz.
MAMA Ich sitz wieder fest im Sattl.
Ein paar Gedanken muß schon erlaubt sein.
Ich war krank und man lernt sich kennen.
Vielleicht tät ich auch schon tot daliegn,
wenn der liebe Gott sich nicht gedacht hätt:
Mir wolln ihr noch eine Chance gebn.
Sie soll umkehrn
und in sich gehn.
MARIE Glaubst,
der liebe Gott
hat nix anderes zum tun?
Der soll sich lieber um die Kinder
in Indien
kümmern.
MAMA Das kann er ja trotzdem tun.
Zuerst muß er sich um die Katholischen kümmern.
Das wird wohl unser gutes Recht sein,
wo mir so viel für ihn getan ham.
MARIE *lacht.*
MAMA Für die Gedankn deiner Mama hast du kein Herz.
Sei froh daß man was denkt!
Andere Kinder ham ganz andere Eltern.
Pause.
Ich werd noch einen Sprung in die Kirchn tun.
Das hab ich glernt, seit ich krank war.
Am Scheideweg!
MARIE Ich glaub nicht an Gott.
MAMA Du bist jung.
Das is es.

2. *Verlorener Sohn*

KARL *(schön und schön angezogen:*
Grüß Gott die beiden Hübschen.
Hätt ich einen Stich
bei meiner Schwester,
wenn ich nicht der Bruder sein tät?
MARIE Du Sau!
MAMA Wenn ich sowas vor meiner Mutter gsagt hätt!
KARL Meine Mama is meine Mama
und deine Mama
is deine Mama.
MARIE Ein goldenes Armbandl hat der Mensch.
Wo hastn des schon wieder her.
KARL Hast du keins?
MARIE Ich bin eine Frau.
MAMA Ebn.
KARL Schönheit is grenzenlos.
MARIE Und wo hast es her?
KARL Wo hast es her.
Gstohln, was sonst.
MAMA Sowas malt man nicht an die Wand.
KARL Wer Überstundn macht wie ich im Lebn,
der kann sich auch was leistn.
MAMA Zahl die Schuldn, diest überall hast.
KARL Nur wer kein Geld hat, hat auch keine Schuldn.
MAMA Depp.
KARL Genau. Kannst mir was leihn? Bis übermorgen.
MAMA *antwortet nicht.*
KARL Sind zum Herz jetz auch die Ohren gekommen?
MAMA Nix. Keinen Pfennig leih ich dir.
Das hab ich mir schon denkt,
wenn der Herr Sohn seine Aufwartung macht,
will er was.
Ich hab nix.
KARL Kein Haushaltsgeld mehr fürs ganze Monat?
Und was wird dann gessn?
MAMA Haushaltsgeld hab ich immer.
KARL Ebn.
MAMA Nein.

KARL Eßts einmal eine Wochn Erdäpfeln und Milch.
Das gibt rote Wangen und einen rundn Hintern.
Und 50 Mark sind locker für mich.
MAMA Keinen Pfennig.
KARL Dann muß ebn ein Bruch sein.
Und wer is schuld
wenn
der eigene Sohn
im Zuchthaus landet?
Du.
Pause.
Leihst mir einen Fuchzger oder ned?
MAMA Nein.
KARL Warum bin ich dann noch da?
Wo ich eh keine Zeit hab.
MAMA Erzähl mir was schönes.
KARL Es geht mir gut.
MAMA Mir nicht.
Ich hab Sorgen.
KARL Weil du unbefriedigt bist.
Laß dir das von einem erfahrenen Frauenkenner sagen.
Gib mir 50 Mark und du fühlst dich wohl.
MAMA Kein ernstes Wort kann man redn mit dir.
Kommst
regst einen auf
und bist wieder weg.
Da soll man dich noch gern habn.
KARL Ich hab den Firmenwagen unten.
Bin noch im Dienst.
Heute abend is ein kleines Fest
und die Bank hat zu.
Vergessn.
MAMA Was für ein Fest?
KARL Einer hat ein Haus
mitten im Wald.
Ein sogenanntes Jagdhaus
von seinem Vater.
Da wird ein Fest gefeiert
mit Freunden.
Ich bin einer davon.

MARIE Ein Waldfest.
KARL Genau. Klein aber fein.
MAMA Und mit wem gehst du hin?
KARL Allein. Selbst is der Mann.
MAMA Du bist ein Schlingel.
KARL Man muß auf alles vorbereitet sein.
MAMA Und das is mein Sohn.
KARL Leihst sie mir, die 50 Mark.
MAMA Fang nicht wieder an.
Der Papa schimpft mich
wenn ich es dir leih
und am Monatsende hab ich nix.
weil du es nicht zurückgibst.
20.
KARL 20 is wie in die Hand gschissn.
50.
MAMA Bis übermorgn, sagst.
KARL Und wie. Ich muß nur auf die Bank.
MAMA Das sagst du immer.
Aber wenn er
eingeladen is auf ein Waldfest,
kann er nicht
mit leeren Händen kommen.
Da.
Gibt ihm einen 50-Markschein.
KARL Ohne dich Mama!
Er gibt ihr einen Kuß.
MAMA Als Dank bleibst jetz zum Essn.
Der Papa freut sich.
KARL Zeit is Geld.
Ich schau morgn vorbei, wenn es geht.
MAMA Komm morgen.
Und erzähl wie es war.
Das hat man schon verdient.
KARL Genau.
Also.
Die Firma dankt.
Wiedersehn!
MAMA Paß auf auf dich
und stell nix an.

KARL Eh ned, wo ich ein Geld hab.
Sonst hätt ich den Opferstock
ausgeraubt.
Verzweiflung!
MAMA Von mir müßt eine Mark drin sein, von gestern.
KARL Na also!
Pfiad enk!
Ab.
MARIE Hau ab.
MAMA Wiedersehn.
Bis morgen.

3. Was sich gehört

MAMA Is das ein Anstand?
Herumrennen.
Zufällig hereinschaun.
Geld ausleihn und wieder verschwindn.
Das hätt ich einmal bei meine Eltern machn solln!
MARIE Er is selbständig.
Ich geh auch bald.
MAMA Nix wie Sorgn hat man mit euch.
Weil man sich Kinder anschaffn hat müssn!
Den Karl ham mir viel zu gern ghabt
mit seine Lockn.
Lacht.
Er war ein anerkannt schönes Kind.
MARIE Genau.
MAMA Bei seinem Kinderwagn sind die Leut stehngebliebn
ham hineingeschaut und gsagt:
So ein schönes Mäderl!
Bei dir,
wost eh ein Mädl warst,
is es selbstverständlich.
MARIE Der Karl is verwöhnt wordn.
Ich weiß es eh.
Ich nicht.
MAMA So ein Schmarrn.
Zu gut war man zu euch beide.

Das is es.
Der Karl war ein richtiger Guttifresser.
So ein Guttifresser!
MARIE Ich hab lieber Marzipan ghabt.
MAMA Genau.
Und mir ham euch gebn
das war der Fehler.
Man war zu gut.
Es macht mir Sorgen.
Der Karl hat nicht das richtige Verhältnis
zu mir
als seiner Mutter.
Wie ich todkrank war wohlgemerkt,
im Krankenhaus auf Einzelzimmer!
Todeskammerl hams gsagt!
hat er nie geweint
beim Besuch.
Ich hab aufgepaßt.
MARIE Todeskammerl so ein Schmarrn.
1. Klass und sonst nix.
MAMA Doch.
Das laß ich mir von niemand nehmen.
Alles wird einem mißgönnt in diesem Haus!
MARIE Er hat die Tränen eben unterdrückt als Mann.
MAMA Ausredn.
Mir hätt es eine Freud gemacht.
Die Tränen.
Der Papa hat auch geweint.
Und dein Leo hat mir Blumen gebracht.
Mein Karl nicht.
Wo is der Leo?
Ich hab ihn lang nicht mehr gesehn seit Wochen.
MARIE Weg.
Pause.
MAMA Eine Kleinstadt is eine
Kleinstadt und keine Großstadt.
Pause.
Da muß man aufpassn, daß man ned
ins Fettnäpfchen tritt!
Pause.

Habts gestrittn?
MARIE Nein.
MAMA Der Leo wär schon recht.
Bloß sein müßert er was, das is es.
Früher war ein Bankangestellter ein angesehener Mensch,
heute muß er mindestens Inspektor sein.
MARIE Wo er die Inspektorenanwärterprüfung macht.
MAMA Wenn sie bestanden is:
gut!
Pause.
Wo du die Tochter von einem Schuhgeschäft bist!
MARIE Schusterei.
MAMA Du laßt dir ebn nix sagn, das is es.
Die Frage is, ob der Leo das Zeug dazu hat,
daß er eine Karriere macht.
Pause.
Technischer Fortschritt is heute die Zukunft!
Ingenieur oder Atomphysiker!
MARIE Da muß man studiern.
MAMA Dann studiert man ebn.
Jetz geh ich in die Kirchn bevor es dunkel is
und Nachtmahlzeit.
Soll ich für dich betn?
MARIE Danke gleichfalls.
MAMA Frechs Luder!
Der Leo geht mir nicht aus dem Kopf.
Bet ich dafür, daß er Inspektor wird!
MARIE Die Schuster gehn auch ein.
MAMA Nicht, wenn man den Sprung ins Schuhgeschäft geschafft hat!
MARIE *schweigt.*
MAMA Doch.
Und du mußt noch weiter kommen.
Ein kleiner Bankangestellter is auf die Dauer sehr wenig!
Auch ein Inspektor is nicht viel,
wenn man bedenkt,
daß es Direktoren gibt.
Mehr noch!
MARIE Alles kann der Mensch nicht erreichn!
MAMA Oberinspektor is schon hoffnungsvoll!

Das war gestern heute und morgen!
Erst die Versorgung dann das Vergnügen,
also der Anstand.
Wiedersehn!
Ab.

4. Madonna allein

MARIE Wiedersehn und schöne Grüße an den heiligen Geist.
Schaut aus dem Fenster.
Da rennt sie hin.
Dreimal hab ich es schon geträumt
daß sie tot is!
Die Mama.
Komisch wo man nix gegn sie hat sondern liebt?!
Sie holt das Hochzeitskleid hervor.
Das tät mir wirklich passn!
Weg mit die Schleier. Ein tolles Kleid!
Sie schaut sich damit im Spiegel an.
Lieber Gott,
mach daß das Kind ein Abgang wird.
Sei vernünftig lieber Gott,
bitte!
Wenn du eine Macht hast,
dann mach,
daß es weggeht,
bevor man es merkt!
Das is eine Kleinigkeit,
wenn man etwas davon versteht.
Pause.
Mir lebn ja nicht in Münchn!
Wo es selbstverständlich is.
Daß man ein ledigs Kind hat.
Hier in Augsburg herrschn andere Gesetze!
Pause. Sie zieht das Kleid wieder aus.
Ich sag es dir im Gutn.
Sonst bring ich mich um.
Dann hast es!
Scheiß lieber Gott,
einen Doktor brauch ich.

Oder so was Ähnliches.
Pause.
Mach, daß es ein Abgang is.
Lieber Gott!
Dann glaub ich wieder an dich,
das schwör-ich dir.
Aber zuerst mußt zeign was du kannst.
Mit dem blödn Gred von der Mama wird man selber ganz dumm.

5. *Prinz Leo*

LEO Darf man eintreten.
MARIE Warum denn ned. Servus.
LEO Servus.
MARIE Is das ein Kleid für mich oder ned?
LEO Ein Hochzeitskleid.
MARIE Von der Mama.
LEO Schön.
Pause.
LEO Eine Begrüßung is das wo man suchn muß.
MARIE Nein.
LEO Wennst es willst, dann geht man wieder.
Wünsche nicht gestört zum Habn.
MARIE Wie du willst.
LEO Die schaut.
Wie die schaut.
Wennst du immer so ausgschaut hättst
wie jetz,
hätt ich dich überhaupts nie bemerkt.
MARIE Wen interessiert das?
LEO Wo man dir einen Antrag gemacht hat.
Das is der Dank.
Für die Liebe.
MARIE Du machst alles falsch, das is es.
Weilst kein Gefühl hast.
LEO Aber eine Liebe.
Das muß langen.
MARIE Wenn man nicht anspruchsvoll is.

LEO Ich bin anspruchsvoll,
das muß mir der Feind lassn.
MARIE Meinst.
LEO Ja.
Pause.
MARIE Und weil man nicht gleich mit fliegenden Fahnen
ja schreit,
bist beleidigt.
LEO Ned wahr is.
MARIE Freilich, ich bin doch ned dumm.
LEO Man hat seine Verpflichtungen.
Außerdem war es ein Antrag wie jeder andere.
Kein Grund zur Aufregung.
MARIE Es is eine Frage der Zeit
das Lebn.
Das is wissenschaftlich.
Und das verlang ich.
LEO Auf einmal.
Weil etwas war zwischen meinem Freund und dir.
Dazu war das Konzert
des Sinfonieorchesters des Bayrischen Rundfunks
unter Raffael Kubelik
und der anschließende Barbesuch,
der nicht billig war,
nicht da.
Münchenbesuche sind ein Vergnügen.
MARIE Fantasie.
LEO Da muß man schon etwas klarstellen,
wenn es total die Aussicht verstellt.
Ich bin ein Mensch wie jeder andere.
Nichts weiter.
Das muß man bedenken und sich entscheiden.
Die Freiheit liegt mir nicht auf die Dauer.
MARIE Bürgerlich bist.
LEO Das is keine Schande.
Wenn meine Eltern es noch erlebt hättn,
daß es jetzt passiern wird,
daß ich mit der Inspektorenanwärterprüfung
in den höheren Dienst übernommen werde!
Sie würden sich zunicken und sagen:

Das is unser Sohn.
Ich hab viel Elend gesehn in meiner Jugend
wie man so sagt.
Dir war mehr vergönnt.
Ich schätze meine Entwicklung sehr hoch ein,
das kann ich jederzeit gestehn.
Und meine sogenannte Verlobte schaut mich an,
und niemanden anderen.
Ich will auch mein kleines Glück,
neben meiner Karriere in die Zukunft.
MARIE Ich kann anschaun, wen ich mag.
Und dann is es nicht bloß dein Freund,
der Peter Hutschinger,
sondern auch ein früherer Bekannter von mir.
LEO Mein Freund is er überhaupt nicht.
MARIE Ebn.
LEO Er ist mir unsympatisch,
weil ich ihn ned mag.
Ich geb es zu und zieh den Freund
zurück.
Das war nur Tarnung.
MARIE Was ein Blinder merkt.
LEO Es war etwas Unsauberes zwischen euch,
das hat man genau erkennen können.
MARIE Schmarrn!
LEO Man hat so seine Gedanken und eh man schaut,
fallt einem alles zusammen, was man aufbaut.
Ein gebranntes Kind scheut das Feuer.
MARIE Eifersucht is auch eine Sucht!
LEO Ausredn, sonst nix.
Der Mensch is nicht frei.
Obwohl es vorkommt. Ich tu nix dazu,
daß ich nicht weiß,
wie ich mich richtig darstellen soll.
Sogar mir selbst gegenüber kann es sein,
daß ich nicht weiß,
wie ich mir entgegentreten soll.
Wenn ich keinen Fleiß um jeden Preis entwickle,
ist die Hypo-Bank keine Zukunft.
Man muß nachgeben und sich zurückstellen.

MARIE Aber ich bin eine Frau.
Was hab ich denn sonst.
LEO Mich.
MARIE *nickt.*
LEO Mir geht es auch nicht anders.
Kaum macht man ein Fenster auf,
weil man glaubt, man sitzt fest im Sattl,
kommt Unerwünschtes.
Ganz rot bist wordn, wie ich dir den Peter
pro forma vorgestellt hab.
Und verändert.
Das is doch erstaunlich.
MARIE Weil er gleich auf mein Wimmerl gschaut hat.
LEO Eine Warze is es und ich
hab auch drauf gschaut,
wie mir uns kennengelernt habn.
Aber da bist nicht rot geworden.
MARIE Dann hab ich zufällig in dem Augenblick,
wo du auf mein Wimmerl geschaut hast,
woanders hingeschaut.
Schicksal.
LEO Die Warze, auch wenn sie sehr klein is,
ist vollkommen unübersehbar.
MARIE Danke.
LEO So war es nicht gemeint.
MARIE Was gehn andere Leut meine Wimmerl an.
Aber wenn jemand hinschaut mein ich,
jetzt wachst sie.
LEO Das ist Unsinn.
Einbildung, sonst nix.
MARIE Ja.
Pause.
LEO Und in diese totale Verwirrung hinein,
macht man einen Antrag.
Das ist doch vernünftig.
MARIE Und man denkt nach.
Wie ich zum Beispiel.
LEO Warum die Umständ?
Du kommst mir nicht aus.
Das ist doch auf der Hand.

MARIE *lacht.*
LEO Is doch anständig, wie ich vorgeh.
MARIE Ich hab mir alles ebn immer anders vorgestellt.
Das is es.
LEO Lange Worte sind doch bei uns geschmacklos.
Ich meine die Gesamtsituation.
Wenn es jetzt auseinandergeht,
is doch der Verlust nur auf deiner Seitn,
ich hab alles gehabt,
was sich ein Mann denkn kann.
MARIE Daß du immer alles in den Dreck ziehen mußt.
LEO Wenn es so ist,
dann versehentlich.
MARIE Ebn, in Wirklichkeit bist du ganz anders.
LEO Aber ein Schutz muß sein vor den Gefühlen,
sonst is man menschlich,
und das is schlecht,
wenn man noch nicht in sicherer Entfernung is.
MARIE Ja.
LEO Mir verstehn uns doch eh ganz gut.
Greift sie an.
Schau, plötzlich geht man zum Wesentlichen über
und es is alles eins.
MARIE Immer die Sexualität muß herhalten,
wenn dir nix mehr einfallt
und sich andere Leut die wahren Genüsse
hingeben.
LEO Welche?
MARIE Glaubst, daß dem Richard Burton nix anderes
eingefallen is,
wie er um die Liz Taylor angehalten hat?
LEO Schauspieler!
MARIE Aber einen Stil haben sie,
der über das Gewöhnliche hinausführt.
Das is das Tolle daran.
Glaubst,
wennst du von der Bank kommst,
mit die Finger geldschwarz
und langst mir unter den Rock,
daß das eine Frau überzeugen kann?

LEO Ich wasch mir die Händ noch vor dem Verlassen der
Bank.
Und an der Kasse bin ich überhaupt nicht,
wie du weißt.
MARIE Bildlich gesprochen.
LEO Bildlich macht man immer alles falsch.
MARIE Weilst keine Fantasie hast.
LEO *greift sie an.*
MARIE Hat nie etwas Vernünftiges im Sinn, dieser Mensch.
Bloß die Liebe.
LEO Wenn meine Worte nicht mehr überzeugen,
greif ich zu den Waffen.
Die Liebe macht vergeßlich,
das is der Vorteil.
Man is ein Arsch, wenn man noch nicht Inspektor is.
Amtmann is noch besser.
Bei dir finde ich meine Selbstachtung wieder.
Pause.
Ich sehe meine Gedanken durch deinen Kopf wandern.
Das beruhigt.
Pause.
Heute mach ich den Antrag bei deinem Papa fix.
MARIE Meine Chansn sind noch ganz ungenutzt.
LEO Du hast mich.
Pause.
Bist in meiner Hand fertig.
Ohne meine Liebe stehst du doch sehr einsam
in der Welt.
Objektiv.
MARIE Wo du hinten und vorn nix bist, wie die Mama sagt.
LEO Man kann bloß einen Fuß vor den andern tun,
wenn man nichts außergewöhnliches vollbringen will.
Ich bin mit mir zufrieden.
Das muß auch für dich genügen.
Im Herbst die Inspektorenanwärterprüfung.
Dann geht alles automatisch.
Ich ende
als Filialstellendirektor.
MARIE Ja. Das is es,
ja.

6. Prüfung

PAPA Der Herr Leo gibt uns die Ehre, Grüß Gott.
LEO Grüß Gott, das nennt man eine Freude.
Ich rede hier mit Ihrer Tochter.
PAPA Ja ja, die Marie, das is ein Sorgenkind.
Machst deinem Vater und dem Herrn Leo
einen Kaffee?
MARIE Genau.
Ab.
PAPA Und wie geht es sonst?
LEO Die Nachfrage dankt.
Im Herbst mache ich die Inspektorenanwärterprüfung.
PAPA Respekt dem Herrn Inspektor.
LEO Anwärter vor der Hand.
PAPA Man muß klein anfangen können.
LEO Eben.
Ihr Schuhgeschäft hat auch seine Entwicklung
hinter sich.
PAPA Schuster bin ich nicht mehr.
Aber das meiste ist die Fantasie von meiner Frau.
Wie Frauen sind.
Beide lachen.
Ich will mich nicht mit fremden Federn schmücken.
Sonst nix.
Ich denk nicht nach.
Da fall ich nicht herein auf den Trick.
Handwerk hat goldenen Boden sonst nix.
Pause.
In der Schuhfabrik kann ich jederzeit im Akkord
anfangen.
Salamander nimmt auch Ältere.
LEO Is die Lage so bedrohlich?
PAPA Es is zu klein das Geschäft.
Der Kunde übersieht es.
Kunststück.
Mir kaufn auch beim Hertie ein.
Zündet sich seine Zigarre an.
LEO Alle haben die gleichen Sorgen.
Der Einzelhandel.

Ich weiß es von der Bank.
PAPA Sie haben den Überblick.
Ich aber seh im Frühjahr bloß wie Äste grün werden,
Da denk ich: es wird bald blühen wollen,
und wenn es blüht, dann kann es später Früchte tragen.
Das ist die Reihenfolge!
Einfach ist die Natur.
Die Wirtschaft nicht.
Ich sehe ein, daß man nichts ändern kann und füge mich.
Techniker müßte man sein.
Das hat Anziehungskraft.
LEO Nicht die Banken vergessen.
PAPA Ja.
Pause.
LEO Man rät seinen Kunden sich frühzeitig zu verändern.
Was klein ist stirbt.
Was groß ist wächst.
Heißt das Gesetz der Stunde.
PAPA Stunde?
LEO Die Zeit hat andere Längen heute.
Denken Sie an die Zinsgeschäfte.
PAPA Ja, ja.
LEO Sie sind nicht mit der Zeit gegangen.
Das rächt sich jetzt.
Die Automatik!
PAPA Nachher kann ein jeder gescheit daherredn!
Da kann man sich nix kaufn dafür.
Diese Jugend mit ihrer Intelligenz gegen das Alter.
LEO Ich wollte Ihnen nicht nahe treten.
Der Rat war sozusagen geschäftlich.
PAPA Was wissn denn Sie von meinem Geschäft?
Gar nix!
Wie bei meinem Herrn Sohn.
Immer wolln die Eier gscheiter sein wie die Henn.
Lächerlich.
LEO Entschuldigen Sie.
PAPA Warum?
Ich red von meinem Herrn Sohn.
Sie kennen ihn?
LEO Vom weißen Roß. Beim Skat.

PAPA J a , Skatspieln, das kann er.
Das muß ihm der Neid lassn.
Aber sonst?
Was kann ich lernen von ihm, daß er
Schuldn macht, und hurt und sauft und
Vertreter is?
Danke.
Er is weiter wie sein Vater.
Aber er hat es nicht weiter gebracht.
Nehmen Sie unser Geschäft.
Wie könntn mir dastehn? Gemeinsam?
Ganz anders, das is sicher.
Aber nein.
Vertreter is der Herr und faul.
Das is die Wirklichkeit, Herr Inspektorenanwärter!
Franz Josef Strauß hat recht mit dem,
was er immer sagt!
Er wär mein Mann und mehr
muß man nicht sagen.
Jugend!
Sehen Sie sich um!
LEO Man muß die Augen offen halten!
Genau.
Die Gartenbaufirma Söhnlein und Co. macht Konkurs.
Das ist ein Bankgeheimnis und bloß für Sie bestimmt.
PAPA Und?
LEO Es wird ein Dutzend Gläubiger geben.
PAPA Ihr Vertrauen ehrt mich, aber von mir aus hundert!
Pause.
LEO Hat Söhnlein und Co. ein Darlehen von Ihnen oder nicht?
PAPA Das Bankgeheimnis ist sehr offen, scheint es.
LEO Nur hier. Die Marie und ich
heiraten.
PAPA So.
LEO Ich bitte Sie um die Hand Ihrer Tochter Marie.
PAPA Ich hab bloß eine.
LEO Es ist alles im Sinn der zukünftigen Familie.
Konkurs der Gartenbaufirma Söhnlein und Co.
Sie verstehen.

Es wäre denkbar, denke ich mir,
daß das Geld, daß Sie vor Jahren,
über unsere Bank abgewickelt,
der Firma Söhnlein und Co. geliehen haben,
acht Prozent verzinslich,
das Geld ist, das die Marie als Mitgift erwarten kann.
Unter anderem.
Wenn man mit ihr spricht, ist man unsicher,
und Ihr Geschäft ist von Nöten geplagt.
Ich finde, man sollte keine Zeit verlieren.
Die Konkursmasse ist nicht unerfreulich.
Aber schnell muß man sein.
PAPA So lauft der Has!
Pause.
Mir werdn schon noch was anderes findn für sie.
LEO *schaut.*
PAPA Was schauns mich denn so an?
LEO Ich schau gar nicht.
Aber ich frage, ob es erlaubt is,
dem Herrn Schwiegervater einen Wink zum Gebn,
für den andere sich alle zehn Finger ableckn tätn.
Oder ham Sie keinen Familiensinn?
PAPA Noch gibt es ned einmal eine offizielle Verlobung.
LEO Lassns das nur meine Sorge sein.
Soviel wie.
Kümmern Sie sich lieber um das Geld.
Noch sind die Zahlungen nicht eingestellt!
PAPA Ich laß meine Tochter schon ned
mit einem einzign Hemd auf dem Arsch aus dem Haus gehn.
Allerdings das Geld das Sie meinen,
wird man ihr nicht mitgeben können!
Das is verloren. Leider.
LEO Wie bitte?
PAPA Das is schwer zum Erklären.
Eigentlich bin ich das Kind armer Eltern.
Mein Vater is gestorbn, da war ich noch ein kleiner Bub.
Und meine Mutter hat uns mit Heimarbeit durchgebracht.
Ein Schwesterl von mir is auch früh gestorben.
Schon in den Windeln.

Verstehn Sie das? *Pause.*
Ebn.
Da bin ich
in die Lehre gekommen.
Und der Lehrherr in der Lehre,
das war ein guter Mensch.
Ohne den hätte ich nie und nimmer
eine abgeschlossene Berufsausbildung
und damit auch kein Schuhgeschäft.
Pause.
Ja, und vor ein paar Jahren hab ich ihn besucht.
Was soll ich viel sagen?
Der alte Mann erzählt mir,
daß er Selbstmord begehn muß,
weil er pleite is.
Da hab ich das Darlehen bei Söhnlein und Co.
zurückverlangt und bekommen –
LEO Daß ich das nicht weiß!?
VATER Das wird ihr Bankgeheimnis bleiben.
Söhnlein, wie sie vielleicht wissen,
das ist ein Kriegskamerad der 1.Stunde.
Ein Kamerad ist den andern wert.
Nationalsozialismus und so weiter.
Es war eine schwere Zeit nach dem Krieg
für ihn.
Für mich, zufällig nicht.
Man hilft sich, wo man kann.
Ich konnte.
Als mein alter Lehrherr vor dem Selbstmord stand,
hatte er Verständnis,
das Darlehen kam zurück.
Zehntausend halfen meinem Lehrherrn weiter,
das andere ging ins Geschäft.
Das ist 7 Jahre her.
LEO Was ins Geschäft kam ist demnach heute futsch.
Und die zehntausend?
PAPA Was und? Nix und!
Hättn Sie es ihm vielleicht nicht geliehen,
wenn er doch sagt,
daß er sonst Selbstmord begehen muß?

LEO Ohne Familie vielleicht.
VATER Und mit zehn Kindern auch.
Der war wie ein zweiter Vater von mir.
Und weil er wie ein zweiter Vater war,
hab ich auch keinen Schuldschein verlangen können.
Vor zwei Jahren ist er gestorben und mit ihm mein Geld.
Der arme Mann.
LEO Und?
PAPA Der Mensch macht mich verrückt mit seinem »und«.
Er hat eh fast nix mehr gehabt.
Aber immerhin!
Ohne Schuldschein kann man nix beweisn!
Pause.
Die Erbn ham geerbt.
Ich nicht.
LEO Das Geld –
PAPA *schreit:* – is weg!
LEO Mein Geld!
PAPA Was?
LEO Was geben Sie der Marie dann als Mitgift?
PAPA Aber ich bin doch nur ein Schuster.
LEO Mit einem Schuhgeschäft!
PAPA Ein kleines!
Ein unnormal kleines!
LEO Aber über 20tausend deutsche Mark haben sie gehabt!
PAPA Erbschaft von meiner Frau.
LEO Das is mir doch wurscht.
Und davon haben Sie ein ruiniertes Schuhgeschäft
am Leben erhalten
und den Rest –
ich glaube Ihnen kein Wort.
PAPA Schicksal.
Sie können es ruhig glauben.
Weg is weg!
LEO Warum regt man sich auf.
Genau.
Weg.
Basta.
Pause.
Das ist aber ein Unterschied,

ob man eine Marie mit 20tausend
oder ohne 20tausend heiratet.
Das muß der Mensch wissn.
Bevor er sich zur Liebe entschließt!
Pause.
Das werden Sie bereuen, Herr Schwiegerpapa!
Ich bin nämlich
auch nicht
nichts!
Ich werde Inspektor und hab ein Recht
auf eine gewisse Mitgift.

PAPA Mitgift! Das is doch vorbei!
Vergangenheit!
Heute heiratet man der Liebe wegen.

LEO *schreit:* Ich nicht.
Ich bin ein normaler Mensch.

PAPA Sie haben kein Herz, das ist es.
Und wollen meine Tochter heiraten!
Wie kann man das zulassen?

LEO Keine Sentimentalitäten bitte.
Pause.

PAPA Was wissn denn Sie von den Zeitn?

7. *Luftballon*

MAMA *kommt im Hochzeitskleid:* Gfall ich dir?
Grüß Gott, Herr Leo, gfall ich Ihnen?

LEO Gutn Tag!

PAPA Das Kleid hat sich ghaltn.

MAMA *zu Leo:* Mein Hochzeitskleid.

LEO Ich weiß, die gute alte Zeit.

MAMA Ein Traum aus Weiß, nicht wahr?

PAPA Wasch lieber eine Wäsch
und laß die altn Fetzn stehn!
Kein frisches Hemd hab ich mehr.

MAMA Ich bin nicht mehr die Jüngste.
Sei lieber nett zu mir.
Das is mein Todeskleid.
Du wirst es sehn!

PAPA Passns bloß auf, daß die Marie
ned auch einmal so wird!
In die altn Fetzn die gestrign Täg suchn,
dem Herrgott in der Kirchn die Zeit wegstehln
und saudumm daherredn!
Bloß nix arbeitn und wenn sie einen
aus alle Kästn und Schränk anspringt.
Schau daßd in die Kuchl kommst.
Die Marie macht uns einen Kaffee.
MAMA Dann hilf ich ihr.
Bevor sie geht nimmt sie die Zeitung vom Tisch.
PAPA *reißt sie ihr stumm aus der Hand.*
MAMA *ab.*
Pause.
PAPA Wenn es manchmal da drin steht, in der Zeitung,
daß ein Ehemann hergeht und seine Frau derschlagt!
So grausam es is,
ich versteh es.
LEO *schaut.*
PAPA *setzt sich, liest in der Zeitung.*
LEO *zündet sich eine Zigarette an.*
MARIE *kommt mit dem Geschirr und richtet den Kaffeetisch.*
MAMA *schaut kurz herein, geht wieder.*
MARIE *fertig, geht wieder in die Küche.*
PAPA Alles fallt über meinem Kopf zusammen und ich
kann es nicht aufhaltn.
Pause. Liest weiter.
PAPA *von der Zeitung aufschauend:*
Bei uns is ein Einbruch passiert.
Wissn Sie das schon?
LEO Wo?
PAPA Beim Juvelier war ein Einbruch.
Beim Juvelier. Der Juvelier hat eingebrochen.
LEO Ich hab ihn nie leiden können, den Juvelier.
Aber daß er ein Einbrecher is,
das
hätt ich nie
von ihm gedacht.
PAPA In seinem Geschäft.
LEO Ach so.

Das is verständlich.

PAPA Der unbekannte Täter konnte ungestört arbeiten
und beträchtliche Beute mitgehen lassen.
Bisher fehlt jegliche Spur von ihm.
Lacht.
Die sind mit allen Wassern gewaschen!

LEO In der Bank hätt einer keine Chansn.
Das Sicherungssystem ist eins a.

PAPA Gestern abend in den Abendstunden.
Es klingelt und scheppert.

8. Schäferstündchen

MARIE *kommt, rennt zur Tür:* Es klingelt, sitzts ihr auf die Ohrn?
Sie öffnet, es kommen mehrere Beamte und Polizisten.

PAPA *springt auf:* Herr Oberinspektor Hufnagl?
Was verschafft mir –
Sieht die vielen Polizisten.
Ich bin der Schuhgeschäftsinhaber Anton!
Man kennt sich!

OB.IN *gibt ihm einen Bogen Papier:* Da lesen Sie das durch und machns keine Umständ.
Das is ein Haussuchungsbefehl.

PAPA Wer?
Starrt den Oberinspektor an.
Liest das Schreiben.

OB.IN Mir.
Sieht die Zeitung aufgeschlagen.
Da liegt es ja eh. Aufgeschlagn!
Also is es nix mit der Überraschung.
Pause.
Er is schon verhaftet.
Wie es sich gehört.
Fangen Sie mit der Durchsuchung an.
Rücksicht ist nicht vorteilhaft.
Wo der Herr Sohn von Ihnen die Beute nicht
in seinem Untermietszimmer hat,
is die elterliche Wohnung ein gern benützter
Versteckplatz.

Wenn Sie wissn wo die Beute ist,
weil sie unter einer Decke stecken,
darf sie auch freiwillig herausgegeben werden.
PAPA *schreit:* Herr Oberinspektor!!!
MAMA *kommt im Hochzeitskleid, mit dem Kaffee herein:* Herr im Himmel, was is denn los?
OB.IN Ruhig verhalten und nicht aufregen.
Nichts verrücken,
nichts verstellen.
Alles an seinem Platz lassen!
Stellen Sie sich am besten alle in die Mitte des Zimmers,
dann könnens nix berühren und
sich einem falschen Verdacht aussetzn.
Die Beamten verwandeln das Zimmer in eine Räuberhöhle, die Familie und Leo in der Mitte.
MAMA *schreit:* Ich will wissen, was passiert is!
Das is man mir in meiner Stellung als Mutter
des Hauses schuldig!
PAPA Der Karl hat beim Juvelier eingebrochen.
Lies!
Gibt ihr die Zeitung.
MAMA *liest. Starrt den Oberinspektor entgeistert an:* Wissn Sie es genau, daß es mein Karl war,
Herr Oberinspektor?
OB.IN Es is soviel wie sicher.
Er is schon verhaftet.
Das Geständnis is bloß eine Frage der Intelligenz.
MAMA Hast du das gehört, Papa?
Unser Kind!
Unser Bubi!
Schreit:
Karli!!!
Mein Bub hat einen Einbruch verbrochen und is
im Gefängnis verfangen.
Lebt der Juvelier noch?
OB.IN Ja.
MAMA Wenigstens einer.
Wo is der Karli?
OB.IN Im Gefängnis wie es sich gehört.
MAMA Im Gefängnis, im Gefängnis.

Und ich!?
Schreit hysterisch:
Das halt ich nicht aus.
Das weiß ich.
Die Schande kann man nicht überlebn.
Ausgeschlossn. Mein Sohn, mein Bubi, der Karli.
Sie schaut um sich, schreit wie irrsinnig.

PAPA Halts Maul!

MAMA *läßt die Kaffeekanne fallen, die zerbricht, sie fällt um. Ist tot.*

MARIE Mama, was is denn?

PAPA *schaut.*

OB.IN Machen Sie weiter, meine Herrn,
das is eine Privatangelegenheit.
Zu Papa:
Sie können so tun, als wenn mir gar ned da wären.

Vorhang

Zweiter Akt

9. Suppenkaspar

PAPA *bereits angesoffen, säuft die Szene durch, ißt.*
MARIE *schaut ihm zu.*
PAPA Die Mama is tot.
Weißt du das.
Iß.
Oder willst mich vergiftn?
MARIE Nein.
PAPA Essn haltet Leib und Seel zam.
Heißt es. Ich hab einen Traum gehabt.
Wennst willst, verzähl ich ihn dir.
Wenn nicht dann nicht.
Ich hab geträumt, daß meine Tochter mich vergiftn will.
Mit E 605.
Es war gut leserlich auf der Dosn.
Gedankn und Träume sind zollfrei.
MARIE Ja.
Schaut ihn an.
PAPA Schau weg von meiner,
mit dem heilige Maria Mutter Gottes Gfriß.
Womit hab ich das verdient?
Herr im Himmel schau hinauf auf mich.
Hab ich dir je ein Leides getan?
Schau meine Tochter an.
Wo is meine Frau, Herr Jesus Christ?
Fort.
Da obn is die Mama und schaut uns zu.
Ich komm mir beobachtet vor.
Schau weg Mama mir denkn an dich und tun dabei
nix Unrechtes.
Schau ins Gfängnis zu deim Sohn, wo er sitzt.
Der Muttermörder seiner Mutter.
Geschorene Haare hat er.
Im Gefängnis darf man keine langen Haare habn.
MARIE *schaut ihn an.*
PAPA Wie sie schaut.

Dein Lebn geht erst los.
Du bist jung und ich?
Ein Witwer mit einem Muttermörder im Gefängnis.
Wenn er wieder in die Freiheit darf dann geht er heim
und bringt seinen Papa um.
Ich darf traurig sein, ich bin ein Mensch
und will als Mensch behandelt sein und nicht
als Phänomen.
Pause.
Wer hat den Sargdeckel zugenagelt von der Mama?
Das Bestattungsinstitut?

MARIE Du.

PAPA Genau.
Das sind mir uns schuldig beim letzten Scheiden.
Deckel drauf. Aus.
Traurig bin ich und häng mich auf.
Was meinst du Herr?
Gib mir ein Zeichn, daß ich dich
besser sehn kann.
Nix.
Es bleibt mir nix erspart.
Da sitz ich und glaub ich bin in einem trauten Heim,
aber es is eine Räuberhöhle.
In dem Bartsch seiner Todeshöhle mit die Kinder von
Leichn.
Lauter Leichn wohin das Auge reicht, und solche
die es werdn müssn. Schrecklich.
Wenn es so weiter geht,
dann werde ich noch egoistisch und weine
keine Träne mehr, und heirat nimmer.
Bleib allein und denk an den Tod.
Für dich heißt es noch:
Heile heile Segen morgen gibt es Regen
übermorgen Schnee und dann tuts nicht mehr weh!
Aber was soll ich sagen?
Es fallt mir gar nix ein.

MARIE Ja.

PAPA Ich bin zu lange Vater, das nutzt ab.
Gewöhnung, sonst nichts.
Und der Erfolg? Mein Sohn,

der mir einmal die Rente aufbessern soll,
ein Ruhekissn im Alter oder wie das heißt,
der sitzt im Knast und wartet auf meine Pfefferpackeln.
Und du hast keine Arbeit.
Das muß jetz anders werdn,
weil es abwärts geht mit uns.
Daß ausgerechnet mir solche Kinder ham?
Andere ham ganz andere Kinder.
Pause.
Spiel mir was auf dem Klavier vor, für was
hab ich es kauft und euch lernen lassn.

MARIE Spiel dir selber was vor.
Glaubst
ich bin die Mama?

PAPA Kein Trost. Gegen die Gedanken.
Was tu ich, wenn der Herr Sohn wiederkommt?
In 10 Jahr seh ich es vor mir:
Vater, da bin ich, sagt er. Ich hör es.
Herr hilf mir.
Das will ich noch erlebn.
Das laß ich mir nicht entgehn.
Laß dir das gesagt sein, Tod!
Da sitz ich und wart. Bis mein Sohn kommt.
Und dann bin ich Richter,
und wenn das erledigt is,
kannst du kommen.
Aber zerscht komm ich und die Reihenfolge.
Merk es dir.

MARIE Geh schlafn!

PAPA Daß ich träum.
Daß du ein Mitglied der Baader-Meinhof-Bande bist
und mit die Bombn umeinander schmeißt.
Pause.
Im Traum bin ich mitgegangen mit einer
Fronleichnamsprozession. Ich war die Masse.
Alle ham aus die Fenster gschaut.
Keiner hat auf mich geachtet, aber ich hab gewußt,
wenn sie es erfahrn, daß ich es bin,
dann lassns die Prozession Prozession sein,
und nur noch ich werde angeschaut.

Verstehst? Die Schande war es.
Pause.
Vielleicht schreib ich die Geschichte unserer Familie
für eine Zeitung.
Is das nix?
Ich hätt noch mehr geträumt. Der Karl
hat mich besucht im Traum mit einem Revolver.
Er schießt, wie es sich ghört für so ein.
Ich weiß ned auf wen, ich bin aufgewacht.
Ich hab gedacht: so is es, so und nicht anders.
Wenn wieder etwas passiert in unserer Familie,
das is mir gleich, was, dann schneid ich mir
die Kehle durch. Mit einer Rasierklinge.
Alles laß ich mir nicht gefallen, von niemand.
Wer is denn schuld, daß der Karl wordn is, wie es is?
Mir is er ned nach und der Mama auch ned.
Und du bist auch anständig.
Da können die Leut sagn was wolln.
An uns kann es ned liegn, der Erbmasse.
Die Tochter is anständig,
der Sohn die bedauerliche Ausnahme.
Basta.
Die Leut schaun einem nach und wenns einen anredn,
dann bedauern sie mich.
Ich möcht ihnen mit der Faust ins Gesicht haun.
Ich brauch kein Mitleid, es bleibt in der Familie.
Im Gschäft kann man nix sagn. Das geht besser.
Sogar der Pfarrer war da. Er sagt:
Jeder Mensch is bloß für sich selber verantwortlich.
Ich soll an den Adam denken.
Der hat auch so ein Kind ghabt und kann nix dafür.
Was is der Adam gegn mich?
Nix.
Der hat keine Nachbarn ghabt. Das is es.
Was hab ich erlebt. Hunger, Krieg und Elend.
Alles war zum Ertragn, sogar der Hitler.
Aber die Schande, die bricht
einem ehrlichen Mann den Hals.
Nix gibt es, was noch is wie früher.
Ich geh dahin und Leut redn mich an und sagn,

Ihr Herr Sohn hat Schuldn bei mir.
Angst hams um ihr Geld. Das versteh ich.
Mir is ganz übel und ich zahl.
90 Mark, 40 Mark, 50 Mark. Wie man es will.
Ein Verbrecher wie er im Buche steht.

MARIE Nix is bewiesn.

PAPA Red mir ned hinein in die Gefühle.

MARIE Weilst immer nur das Schlimmste annimmst, vom Karl.

PAPA Ich bin gerecht, das is offensichtlich,
und muß nicht erst bewiesn werdn.
Nicht jeder kann das Herzipoppi vom Papa sein.
Er verdient im Monat das doppelte von mir,
wo ich mich abplag in diesem Scheißgeschäft.
Is das richtig? Nein.
Aber das hat ihm nicht genügt,
einbrechn hat er müssen.
Da hab ich noch keine Beweise gehabt, da
war mir mein Herr Sohn verdächtig.
Und was is jetz? Recht hab ich gehabt.

MARIE Und wenn er freigesprochen wird,
weil er unschuldig is?

PAPA Das könnens einem nicht antun.
Pause.
Dann nehmen mir einen Rechtsanwalt, den
besten wo es gibt und Rehabilitierung!
In jeder Zeitung muß es dann stehn.
Ein Buch und im »stern«.
Wenn er unschuldig is, könnens was erlebn.

MARIE Red ned. Du wünscht es ihm.

PAPA Ich ihm wünschn? Blöder Trampl.
Vergönnen tu ich es ihm, weil ich es immer schon gesagt hab.
Aber wünschn nicht, ich bin sein Vater.
Das kann ich ihm nie vergessn.

MARIE *schaut ihn an.*

PAPA Jetz geh ich ins Wirtshaus.
In eines, wo mir unbekannt sind.
Was schaustn so?

MARIE Ich wart bloß, bis du draußn bist.

PAPA Genau.
Kinder,
für was braucht der Mensch
Kinder?
Ab.

10. Mon cherie

MARIE *räumt den Tisch ab:*
Das versoffene Schwein versauft alles,
wo eh nix da is.
Bring dich um, alter Depp,
lieber heut wie morgn.
Was du heute kannst besorgn, das verschiebe nicht auf morgn.
Genau.
Wenn sich kein Doktor findn laßt,
dann muß man in den sauern Apfel beißn mit dem Kind.
Bring dich um, is das beste, was du tun kannst.
Wo es eine Eigntumswohnung is und der Karl ned erbt, weil er sitzt.
Zwei Zimmer vermietn, und das Geschäft verpachtn.
Man wär aus dem Schneider, das Kind und ich.
Da is leicht Mutter sein wolln, wenn die Aussichtn rosig sind.
Sie setzt sich ans Klavier und spielt.
Musikalisch is man erleichtert.
Gern spiel ich, wenn keins zuhört.
Wenn er sich wirklich umbringen tät ...
Aber das sind ja bloß leere Versprechungen.
Sonst nix.
Spielt.

11. Der Coup

HUBER *kommt:* Hallo?
Wünsche nicht gestört zu haben.
MARIE Der Herr Juvelier Huber?
Grüß Gott.

HUBER Is der Herr Vater nicht da?
Ich hätt eine Wichtigkeit für ihm.
MARIE Grad is er weg.
HUBER Ihr Sohn, Ihr Va-Bruder is unschuldig.
M e i n Sohn war es.
MARIE Was?
HUBER Hab ich auch gsagt.
MARIE Jetz versteh ich gar nix mehr.
HUBER Eben.
Darf man sich setzn weil es der Lauf der Welt is?
MARIE Bitte. Und?
HUBER Ganz einfach, wenn man aufpaßt.
Bei mir wird eingebrochen wie man weiß.
Ich geh zur Polizei und die Polizei sagt:
Werdn mir schon machn!
Und man verhaftet Ihren Herrn Bruder.
Na, ja.
Ich war nicht dabei bei dem Einbruch. Gell.
Ihre arme Frau Mutter!
Ich sag nur: Wenn Sie glauben, daß dieser Mann es war.
MARIE Ja.
HUBER Der Einbruch war am Samstag, wie man weiß.
Am Sonntag Abend is mein Sohn zurück nach München.
Dort studiert er: Jura.
Vierzehn Tage später, an einem Dienstag wird er verhaftet.
Er hat bei einem Münchner Juvelier einen wertvollen
Ring verkaufen wollen.
Dem kam es verdächtig vor.
Am Mittwoch war ich in München.
Was sag ich: der Ring und anderes, was gefundn wurde:
gehört mir.
Aus meinem Geschäft.
Wenn ich gewußt hätt, daß mein Sohn mir
die Sachen zurückgibt, wie er sie
gestohlen hat, ich hätte wegen der Familie
vertuscht, wenns geht!
Dann bin ich aber in seiner Hand.
Und wenn ich von einem nicht abhängig sein will
auf der Welt, dann von meinem Sohn.
Verstehn Sie das?

Na ja, Sie sind noch zu jung.

MARIE Vollkommen.

HUBER Ich könnte mir vorstellen, daß man Ihren Sohn schon entlassen hat.

MARIE Warum?

HUBER Weil das schnell geht.

MARIE Meinen Bruder?

HUBER Wen sonst? Gibt es noch jemand aus Ihrer Familie, der sitzt?

MARIE Nein, Sie ham gesagt: Ihren Sohn.

HUBER Ein Versprecher, unbedeutend.
Er wird schon auf dem Weg nach Hause sein.

MARIE Ob der so schnell heim kommt.

HUBER Bitte, das is meine Sache nicht.
Mein Beileid noch für alles an den Herrn Vater.
Ich wasche mich in Unschuld und hätt es Ihnen gern erspart.
Jetzt,
wo ich zurückdenk ist es sonnenklar.
Wenn mich einer beraubt,
daß ich da nicht sofort an
meinen Sohn denke,
das ist direkt unnormal.
Pause.
Seit ich mich erinner streitn mir.
Vor allem um die Gesellschaftsordnung
und das Geld.
Das letztere zählt: Mir is es zuviel,
was ich ihm gebe, und ihm zu wenig.
Lacht.
Außerdem verachtet er mich:
Er sagt ich sei ein Burschoa.
Wissn Sie, was das is ein Burschoa?
Ich hab im Lexikon nachgeschaut.
Das sind die, die in der Französischn Revolution
die französischn König die Köpf abgeschlagen haben.
War das schlecht?
Und heute sind es die,
die den Kommunismus bekämpfen.
Is das schlecht?

MARIE Nein.
HUBER Eben.
Er is ein Ultralinker wie man sagt, mein Sohn.
Links von Marx UND Mao.
Lacht.
Is ja wurscht, solang er studiert hat er Narrnfreiheit.
Bloß ein Einbruch, das is zuviel.
Aber wissn Sie, was das Interessante an der Geschichte is?
Wenn ich auf dem Kegelabend der Einzelhändler davon erzähl:
Man versteht mich.
Das beruhigt, es geht uns alle gleich.
Pause.
Ja, dann geh ich wieder.
Ich bin nicht schuldig und leid tut es mir auch.
Die Polizei greift halt hinein ins volle Menschenleben, wie man so sagt.
Heute da morgen dort.
Auf Wiedersehn Fräulein Marie!
Und beste Empfehlungen an den Herrn Papa, und gute Nacht!
Ab.
MARIE Gute Nacht!
Pause.
Jetz ham mir wieder Oberwasser.
Und zwar gewaltig!

12. Schwanengesang

PETER *kommt:* Jetzt geht es natürlich wie in einem Taubenschlag!
Der Juvelier Huber is mir begegnet,
guten Abend!
Sie wissn es schon.
Ihr Bruder ist unschuldig.
MARIE Ja.
Guten Abend!
PETER Ich wollte der 1. sein der die frohe Botschaft bringt.
MARIE Der Juvelier war der 1.

Reden mir von etwas anderem,
ich weiß es schon.

PETER Ja. *Pause.*
Wie mir uns das letzte Mal wiedergesehen haben?

MARIE Genau.
Der Leo hat sich beschwert.

PETER Trotzdem.
Pause.
Mir ham uns wieder begegnet und es hat
nicht sollen sein.

MARIE Ja.

PETER Kannst dich überhaupt noch daran erinnern?

MARIE Ja.

PETER Hast mich gleich erkannt?

MARIE Ja.

PETER Ich auch.
Eine Begegnung, die ihresgleichen sucht.

MARIE Ja.

PETER Instinktiv.
Ich sag es auch.
Das war kein erotisches Wiedererkennen allein.
Das war instinktiv,
wie man die Arme um sich gelegt hat.

MARIE Der Leo hat es gsehn.

PETER Aber nix gsagt.
Das könnt mir nicht passiern.

MARIE Der Leo is ein anderer Mensch wie du. Friedlich.

PETER Und meine Liebe kehrt allmählich zu dir zurück.
Merkst es?

MARIE Ja.

PETER Ich liebe dich wieder.
Pause.

MARIE Der Leo steht im Weg.
Aber.

PETER Ich bin wieder da.
Das muß
Schatten werfen.
Pause.
Da sieht man nix mehr
vom Leo.

MARIE Doch, weil ich schwanger bin von ihm.
PETER So ein Schwein.
Pause.
Ein Kind.
Das is hart.
MARIE Und diesen Brief hat er mir geschrieben.
Das is nämlich die größte Sauerei.
PETER *liest:* ... ›als Inspektorenanwärter bei der
Bayrischen Hypotheken- und Wechselbank,
kann ich in keine Familie ehelich hineintreten,
wo einer der Angehörigen seinerseits
ein Verbrecher is‹ ...
... ›Verlobung als beendet zu erachten‹ ...
›sozusagen‹ ...
Liest zu Ende.
Das is eine Sau!
MARIE Ein paar Tage nachdem die Mama tot war.
Das muß man sich vorstellen.
PETER Drum war er auch nicht bei der Leichenfeier.
MARIE Genau.
Pause.
PETER Laß abtreibn was sonst.
MARIE Wenn ich kein Doktor weiß.
PETER Ehrensache und der Leo zahlt.
Erste Klasse!
Du fahrst nach England.
Fliegen.
Nach London!
In eine Klinik.
Phänomenal. Ein unvergeßliches Erlebnis.
Und der Herr Leo zahlt.
Ich geh hin zu ihm. Das is er dir schuldig.
Eine Abtreibung mit allen Schikanen.
Und der Erfinder zahlt. Sonst krachts.
MARIE Das gibt Mut.
PETER In welchem Monat bistn?
MARIE Ende 6.es.
PETER Bist deppert?
MARIE Ende 6.es.
PETER Dann brauchst nicht nach England fahrn.

Dann is der Fall gelaufn.
MARIE Aber ich bin noch ganz ohne Bauch wie man sieht.
PETER Das is eben alles unterirdisch und so groß
wie ein Kürbis.
Das macht niemand mehr. Auch ned in England.
Mord nach dem 5.en.
Welttatsache!
Pause.
MARIE Scheiße.
PETER Warum kümmerst dich denn jetz erst um das?
MARIE Ich hab Tag und Nacht überlegt.
Pause.
PETER Mit dem Kind mußt dich abfinden.
MARIE Ich glaub auch.
Das scheint sicher wie der Tod.
PETER Genau.
Pause.
Dann wird der Herr eben in den sauern Apfel beißn und dich heiratn!
Zur Strafe. Bleibts ein Jahr
verheiratet und laßts euch dann scheidn.
Wie anderswo auch. Zeit vergeht.
Das Kind hat seinen Namen,
du dein Auskommen und die Ehre.
Ich die Genugtuung.
Das is das mindeste was man
verlangen kann.
Pause.
MARIE Ich hab gedacht, du bist meine letzte Rettung.
PETER Bin ich auch,
aber langsam.
Erst muß er dich heiraten.
Dann reden mir weiter.
Ich liebe dich.
Das fordert seinen Preis.
MARIE Dieses Scheißkind.
PETER Ein Kind is ein Kind. Arm!
MARIE Derzeit is nix mit uns?
PETER Ich heirat dich.
Pause.

Nach ihm.
Sonst steh ich dumm da,
als der Dumme.
Schauts ihm an, sagn die Leut,
da lauft er dahin mit ihr.
Und das Kind im Kinderwagen,
is die Geburt von einem andern.
Anders hat er sie ned bekommen.

MARIE Ich hab dich nie vergessen.

PETER Das is klar.

Pause.

MARIE Der Leo muß in den sauern Apfel beißn.
Genau.
Er muß mich heiraten. Vorübergehend.
Aber sein muß es.
Die Rechnung macht er nicht ohne den Wirt.

PETER Und der bin ich.

MARIE Jedem das seine.

PETER Mir sind in Augsburg, genau.

MARIE Eben.

Dritter Akt

13. Haltestelle

LEO Ohne Fleiß kein Preis!
Ich arbeit.
Fernkurse sind die Zukunft.
Pflichterfüllung.
Arbeitet weiter.
Und wenn der Generaldirektor persönlich hereinkommt.
Weiterbildung muß erlaubt sein.
Und wenn sich die Beziehung zum Herrn
Regierungsrat Hapfinger durch seine Tochter
hindurch erweitern laßt,
dann bin ich bald Inspektor.
Eine Bank und ein Finanzamt haben viel gemeinsam.
Wer schätzt nicht die Vorzüge von Verbindungen?
Ach was,
hereinkommen kann wer will.
Ich bin die Zukunft.
MARIE Redst jetzt mit dir selber?
LEO Nebenbei. Grüß Gott Marie.
Sitz dich hin, ein Besuch is immer willkommen.
Pause.
Mein Brief hast bekommen?
Einschreiben und Express!
MARIE Da is er.
Der Karl is unschuldig.
LEO Bitte?
MARIE Es steht auch schon in der Zeitung.
Der Sohn vom Juvelier selber war es.
LEO Ich hab heut noch keine Zeitung gelesn.
MARIE Stadtgespräch is es.
LEO Was gehn mich die Leut an.
Pause.
Man gratuliert dem Karl.
Richt es aus. Bitte.

MARIE Der Brief is jetzt gschissn.
Ich bin da, um über meine Ehe
mit dir zu redn.
Du heiratest mich, wie es sich ghört.
LEO Hast es Kind noch.
MARIE Ende 6.es Monat.
LEO Rechnen kann ich auch.
MARIE Du hast es ja wolln, das es bleibt.
LEO Die Zeit is vorbei.
Das war einmal.
MARIE Ein Kind kann man ned an- und abbestellen
wie die HÖR ZU.
LEO Es hat sich viel geändert.
Ich hab eine andere.
MARIE Das is mir wurscht,
erst komm ich.
LEO Ihr is es auch wurscht.
MARIE Ein ledigs Kind kommt nicht in Frage.
Das kannst du dir aus dem Kopf schlagn,
da ghört nämlich eine Liebe dazu.
Du heiratest mich, und wenn ich dich zwing.
LEO Liebst du mich.
MARIE Was geht das dich an, wen ich liebe.
LEO Zur Ehe gehört eine Liebe.
MARIE Glaubst.
LEO Für mich schon.
Jemanden, den man liebt, für den geht man
durch dick und dünn.
Und stirbt für ihn, wenn es sein muß.
Kannst du dir vorstellen, daß du für mich stirbst?
MARIE Nein.
LEO Ebn.
Die Ehe is heilig, mir jednfalls.
MARIE Mir wickeln ein Geschäft ab.
In einem Jahr kannst dich wieder scheidn lassn.
Auf eigenes Verschulden.
Zwischendurch brauchn mir uns nie zu sehn,
während der Ehe.
Zumindest ich
leg keinen Wert drauf.

Aber das Kind hat seinen Namen,
und alles seine Ordnung wie es sich gehört.
LEO Und du eine Rente auf Lebenszeit.
MARIE Mit die Alimente allein kommst mir nicht weg.
LEO Und wenn ich freiwillig mehr zahl?
MARIE Ehe und sonst nix.
Der Karl is rehabilitiert.
Aber das Eisn is noch heiß.
Vor ein paar Tag war es groß in der Zeitung,
die Verhaftung,
die Entlassung is klein gedruckt.
Wer hat es gelesn?
Die Gschicht mit dem Juvelier seinem Sohn
is jetzt Trumpf. Mir sind passée.
Das is die Wirklichkeit.
Ein ledigs Kind is jetzt unpassend.
Das wirst du zugeben müssen.
Das Geschäft vom Papa geht auch immer schlechter.
LEO Einzelhandel verreckt, ich hab es ihm oft gesagt,
deinem Papa.
Aber ein ledigs Kind is heut kein Beinbruch mehr.
Das überschätzt du.
MARIE Es is kein Unglück, wie früher, bloß ein Blödsinn.
Und das is es mir nicht wert.
Pause.
Daß du umeinanderverzähln kannst:
Die blöde Gans vom Schuhgeschäft Anton,
die Marie hab ich gefickt und sie hat hergehaltn.
Und mich machn lassn.
Jetzt hab ich Nachwuchs und zahl einen Blauen dafür
im Monat. Das is es wert.
Und ich renn mit dem depperten Kind
durch die Gegend und laß mich blöd anschaun.
Das machen mir zwei nicht,
daß du der King bist
und ich die blöde Kuh.
Pause.
Mir brauchn uns nur noch zweimal zum sehn
im Leben: bei der Hochzeit und ein Jahr
drauf bei der Scheidung.

Aber darauf besteh ich.
LEO Das is keine Ehe.
Das is der reine Haß.
MARIE Aber der Hutschinger Peter steht hinter mir.
Mit seinem Papa.
LEO Hat meine Beobachtungsgabe doch recht gehabt,
an dem fraglichen Abend in Münchn!
Sau.
MARIE Aber bloß moralisch.
LEO Moralisch im Schwanz.
MARIE Wenn der die Beziehungen von seinem Papa,
spielen laßt, dann kannst dich aufhängen.
Herr Inspektorenanwärter.
LEO Vielleicht.
MARIE Unter Garantie.
Pause.
Mir ham es uns so überlegt ghabt:
Du zahlst die Abtreibung I. Klasse in London
und die Sache is vergessn.
LEO Genau.
MARIE Ende sechstes Monat is Mord.
Das is Welttatsache, sagt der Peter.
LEO Zu spät, genau.
MARIE Und drum brauchts eine Ehe.
Kurz, aber amtlich.
LEO Eine Bürgerlichkeit is das plötzlich, wost suchn kannst.
MARIE Eine Marie mit 20tausend is was anderes,
wie eine Marie ohne 20tausend.
LEO Hat er was gsagt, der alte Depp?
MARIE Das mußt du büßn.
Da geh ich über Leichn.
LEO Weilst kein Hirn hast! Glaubst,
ich will das Geld wegen einer Weltreise?
Blödsinn!
Aber wegn der Ehe is es notwendig.
Was glaubst,
was das kost,
eine Ehe, wenn sie gegründet wird,
so – wie es sich ghört, weil es üblich is!
Tausende – und wo nimm ich die her?

Vom lieben Gott?
Eine Heirat ohne den Grundstock
wirft einen zurück
und sonst gar nix.

MARIE Glaubst du wirklich, daß ich dich noch will?

LEO Nein.

MARIE Ebn.
Aber ich brauch die Ehe,
wegn der Umgebung.
Wiedersehn! *Ab.*

LEO Sau. Museumsreif.
Pause.
Die Beziehungen, die der junge Herr Hutschinger hat,
werden sich erschöpfen, wo ich
dem Herrn Regierungsrat seine Tochter besitz.
Was is eine Hutfabrik gegen ein Finanzamt?
Lernen mir weiter.
Die Stürme des Lebens sind bloß Zeitvertreib.
Die Fernkurse sind die Zukunft.
Ich bin schon in Ordnung.
Arbeitet weiter.

14. Duell

PETER *kommt:* Servus Leo!

LEO Servus! Hast du druntn gewartet auf die Marie
wegn dem Bescheid?

PETER Mir tut sie leid.

LEO Und seit wann gehts wieder mitnand?

PETER Sie tut mir nur leid. Sonst nix.

LEO Wer es glaubt is ein Arschloch und wird seelig.

PETER Es geht um das Kind.
Das is von dir.
Unzweideutig. Oder ned.

LEO Was weiß der Mensch.

PETER Also von mir is es nicht. Ehrensache!

LEO Das wär mir nicht entgangen.

PETER Genau. Heiratst sie?

LEO Damit ich ein Lebn lang brenn wie ein Blöder.

PETER Es geht ned bloß ums Geld. Jetz wo die neuen
Scheidungsgesetze kommen, stehst dich eh fast gleich.
Ehe oder ledig.
Es is wegen der Öffentlichkeit.
Warum soll sie es sich schwer machen, die Marie?
Und alles auf ihre Schultern nehmen.
Das is doch schlechter Stil, von dir.
LEO Ich heirat sie nicht.
Basta.
Nimm du sie.
PETER Später vielleicht.
LEO Das is eine verlogene Sau.
Bevor du sie heiratst hab ich Zwilling.
PETER So wie es jetzt is, natürlich nicht.
Ich bin von meine Eltern abhängig.
Als Erbe.
Eine Frau mit einem ledign Kind is da Scheiße.
Aber schuldlos geschieden, das erweckt Vertraun.
Pause.
Es is nicht einfach für mich, über das Kind
hinwegzukommen mit meiner Sympatie für sie.
Du heiratst sie zuerst.
Und dann nimm ich sie.
LEO Die will dich doch jetzt nur, weilst ein Geld hast.
PETER Welches das meine is.
LEO Mein Schwanz is auch der meine.
Und mein Gsicht.
PETER *starr:* Das mußt du büßn.
Du bist in der Hypo.
LEO Du im Moment auch.
PETER Dein Chef kennst.
LEO Anzunehmen.
PETER Die Marie sagt,
Inspektorenanwärterprüfung macht der Herr.
LEO Genau.
PETER Mein Papa kennt den Filialleiter Pezold.
Besser wie du, vielleicht.
LEO Und?
PETER Und den Herrn Direktor Häufele in München, den kennt mein Papa auch.

LEO Der is im Aufsichtsrat.
PETER Genau. Und hat seine Macht.
LEO Kennst du den Regierungsrat Hapfinger?
PETER Warum?
LEO Und seine Tochter die Fanny?
PETER Nein.
LEO Aber ich.
Und ich kenn ihren Papa intensiv,
und der kennt meinen Filialleiter und Chef intensiv.
PETER Mein Papa macht das schon.
LEO Mein Schwiegerpapa in spe is bei der CSU, wie es sich gehört.
Und den Regierungspräsidenten kennt er.
Zum duzen, kennt er ihn.
PETER Glaubst, mein Papa is bei der SPD?
Der is ein Freund vom Goppel.
LEO Der Regierungspräsident auch.
PETER Heirat die Marie, mein Papa macht dich sonst fertig.
LEO Mein Schwiegervater wird Hapfinger heißen und dafür Sorge tragen, daß mir keine Nachteile erwachsen!
PETER Machen mir ein Metsch.
LEO Genau.
Weil die Sau, die du mit deim Papa bist,
die bin ich schon lang.
Und die Weiber, die bei mir heiß gelaufn sind,
und weggeworfen werden,
die stoßn sich bei dir gewöhnlich.
Und dabei bleibt es.
Schau in den Spiegel, Bubi.
PETER *schluckt:* Servus!
LEO Servus Bubi!
Schöne Grüße an die Marie.
PETER *ab.*
LEO Kein Geld und keine Treue, die Marie.
Aber kommandieren, das tät ihr passn.
Pause.
Das Lebn is eine Frage der Intelligenz.
Abendkurse sind die Zukunft.
Ich lerne weiter.
Ungestört.

KARL Keiner daheim?
Kommt.
Keine Empfänglichkeit für den Heimkehrer.
Eh gut.
In der ganzn Stadt bin ich umeinander.
Es Auto stehn lassn. Ich bin noch nie so gern zu Fuß gegangen. Aber die Leut schaun. Schweine.
Weils mich kennen.
Aber keiner sagt was.
Vergönnt hättn sie es mir, daß ich es war.
Soviel is sicher.
Aber nein, meine Herrschaftn, das tut mir leid.
Mit Einbruch kann ich nicht dienen.
Ich glaub an meine Existenz, weil sie
mich ernährt und gut.
Trumpf Schokolade.
Pause.
Lauter Konserven, das hätts bei der Mama ned gebn.
Alles eingeteilt, und Wochntag zum Erkennen
auf dem Mittagstisch.
Lacht.
Kinderzeit schöne Zeit.
Montag Kaiserschmarrn oder Spinat und Wammerl.
Dienstag Leber, Niere, jedenfalls Inngreisch.
Mittwoch Leberknödel und Salat.
Oder Krautwickerl.
Selten Apfelstrudel. Leider.
Donnerstag? Scheiße vergessn.
Freitag Fisch oder Dampfnudel mit Vanillesoße.
Samstag Gemüse nach Jahreszeit und Fleisch billig.
Sonntag Schweinernes und Kartoffelknödel.
Wenn möglich Gurkensalat.
Keine Pfannibatzerei. Selber gemacht. Halb roh und halb gekocht.
Ein Genuß und die Zeit is vorbei.
Arme Mama!
Arme Mama.
Scheiße.

MARIE *kommt:* Karli!
KARL Schwesterl!
Sie umarmen sich.
Besser ein Schwesterl wie
gar keine Frau.
MARIE *lächelt:* Sau. Schön, daßd wieder da bist.
Es is so schlimm.
KARL Das sagst du, und was soll ich sagn?
MARIE Lies. Vom Leo.
KARL *liest den Brief:* ... in eine solche Familie kann er ned hineintretn.
Als ob mir Verbrecher sein tätn.
Die Sau.
Wer is denn auf der Brennsuppn dahergeschwommen?
Er oder mir?
Der Herr Inspektorenanwärter, der Depp.
MARIE Ich war grad mit dem Peter Hutschinger bei ihm.
Er hat ihm gedroht, weil er mich liebt.
Aber der Leo geht mit der Hapfinger Fanny,
der Regierungsrat weißt.
Und jetzt hat er keine Angst das Schwein.
KARL Scheiße, hast das Kind noch?
MARIE Ja. *Pause.*
KARL Das wird ein Fest.
Mutter gestorben.
Der Sohn unter Einbruchsverdacht
und die Tochter ein ledigs Kind.
Wie bei die Zigeuner.
MARIE Blöd is es.
KARL Ziehn mir nach Münchn.
Augsburg is verbrannte Erde für uns.
Münchn is besser.
MARIE Aber bloß Münchn, Hamburg oder Berlin.
Sonst is es überall das Gleiche.
Für die Petra Schürmann is ein ledigs Kind
eine billige Publicity.
Und für mich is es
ein Knopf in der Zukunft.

KARL Wenn er dich liebt, soll dich der Peter heiratn.
MARIE Er sagt, er liebt mich. Er will mich auch heiratn.
Aber nicht direkt.
Pause.
Es is zum Verstehn.
Er will
sagt er nicht
die Mutter von einem
fremdn Kind
heiratn.
Das bringt er
nicht
übers Herz.
Sagt er.
Erst muß der Leo.
durch eine Heirat mit mir
gedemütigt werdn.
Sagt er.
Dann nimmt er
mich.
Dann geht
es.
KARL Verständlich.
Wo er ein Mann is
hat er seine
Gefühle.
Was sonst.
MARIE Man müßt ihn erweichn.
Beweisn, daß es mehr is wie
Liebe, worauf er derzeit
zu wenig Wert legt.
Hörigkeit oder so.
KARL Genau.
Pause.
Ich geh nach Münchn.
MARIE Wost unschuldig bist.
KARL Da kann man sich nix kaufn dafür.
Meine Tour is versaut.
Glaubst,
es gibt noch einen Kundn

der ned weiß, was gwesn is mit mir?
»Was Sie sitzn gar ned?« – »Nein.
Ham Sies ned glesn, daß es ein Irrtum war?«
»Ich hab bloß glesn, daß Sie
verhaftet sind.«
»Das andere hättns auch lesn müssn, daß mich wieder
auslassn ham. Wegen der Unschuld.«
»Na ja, es wird klein gedruckt gewesn sein,
ich seh ohne Brille ned.«
Und wenn es geglaubt wird, daß ich unschuldig bin:
Wer einmal im Verdacht war, bleibt verdächtig.
Volksmund!
Ich geh nach Münchn wo mich keiner kennt und fang
neu an. Das is hart aber vernünftig.

MARIE In deim Beruf.

KARL Genau.
Ein Vertreter braucht die Anonymität.
Sonst is er unverkäuflich.

16. Schattenkabinett

PAPA *kommt:* Da bin ich.
Der Herr Sohn.
Findst auch wieder einmal heim,
nachdem die Schande da war.

KARL Servus, Papa!

PAPA Grüß Gott, Ihr zwei.

KARL Gestern hams mich auslassn in München.
Heut bin ich da.
Schneller geht es ned.

PAPA Abend.
Ich müßt dir etwas sagen, was mir
nicht angenehm is, aber
ich habe deine Schuldn bezahlt.
Das muß langen.

KARL Die Firma dankt.

PAPA Das is nahrhafter wie ein schlechtes Gewissn.
Ebn. Und jetz?

KARL Keine Sorgn.

Ich geh nach München.
Bald.
PAPA Es ist das Beste.
Hier is deine Zeit aus.
KARL Ich weiß es. *Pause.*
Das is ein Empfang, wo man suchn muß.
Wo man direkt aus der Unschuld kommt.
PAPA Seit die Mama tot is,
is es ruhig in dem Haus.
KARL Mein herzliches Beileid im Nachhinein.
PAPA Warst schon auf dem Friedhof?
Bestimmt nicht.
KARL Und wie.
PAPA Es is ein Trost daß mir noch ein Plätzchen
ham kriegn können bei die Waldgräber.
Da liegt sie jetz und freut sich.
Mich legts auch dazu.
Der neue Teil vom Friedhof is trostlos.
Sie liegt auf 2 Meter dreißig.
Absicht.
Auf ein Meter 80 kann noch wer kommen.
Das bin ich.
KARL Wie du willst.
Versprochen.
PAPA Schad, daßd es nicht sehn hast können.
Die Beerdigung.
Mindestens dreihundert Menschen!
Ein Festzug, sozusagen.
Angestarrt hams uns, deine Schwester und mich!
Nicht zum Schildern!
Als wenn ich
der Heinz Rühmann sein tät.
Man kann es sagn, mir warn
die Sensation des Tages.
Das hast du uns angetan.
KARL Ich wasch meine Hände in Unschuld!
Die Polizei is ein einziger Mord!
PAPA Wennst du nicht bekannt sein tätst in der Stadt,
wie ein bunter Hund,
mit deine Schulden ecetera,

wär es nicht gekommen, daß die Polizei
an dich denkt.
Die denken nur an das,
was offensichtlich is.

KARL Pech!

PAPA *sieht den Brief:* Ein Brief für mich?

MARIE Wiest willst.

PAPA *liest:* Das is sauber.
Dieses Schwein von Gottes Gnaden.
Davon weiß ich gar nix.

MARIE Und ein Kind krieg ich auch von ihm.

PAPA So!
Mit die verdammtn Saufratzn bleibt einem
nix erspart.
Die Mama hat schon recht gehabt,
die hat den bessern Teil gewählt,
und is gestorbn.
Wenn nur mich der Teufel geholt hätt,
statt ihr.
Pause.
Blöder Trampel.

MARIE Mei.
Pause.

PAPA Ich steh nicht gut für das Kind.
Das sag ich dir, da kannst dich drauf verlassn.
Lieber halt ich mir einen Hund!
Das is ein Kind wo mich nix angeht.

MARIE Das mach ich schon.

PAPA Und mit was, wenn man fragn darf?
Das lebt nicht von der Liebe,
so ein Kind, sondern
vom Geld, wie andere Leut auch,
weil es ein Mensch is.
Brauchst bloß einmal hineingehn in eine
Apothekn und schaun was das kost:
Babykost!
Aletekost fürs Kind, das braucht
es heute,
weil es alle ham
sonst bleibt es zurück.

17. Bilanz

PETER *kommt:* Guten Abend miteinander!
Karli grüß dich, alter Spezl!
Also ich hab es gleich gewußt!
Der Karli is unschuldig!
Wie ich.
MARIE Ich hab es auch gewußt.
KARL Zwei, danke.
PAPA Ich hab deine Schuldn zahlt, das langt.
217 Mark.
KARL Merchie!
PETER Ich hab mit dem Leo geredet, grade.
Mein Papa wird sein Bestes versuchn.
Aber ich weiß nicht.
Er will die Hapfinger Fanny heiraten.
Wie es ausgeht steht in den Sternen.
Gemein war er, was es nicht gebraucht hätt.
KARL Ein Schwein.
PETER Ja.
Heiratn tut er dich nicht, soviel is vorerst klar.
Pause.
MARIE Und warum heiratest du mich nicht?
PETER Geh, wie kannst denn da fragn?!
MARIE Dann bring ich mich um. *Pause.*
Nimm mich mit nach München, Karl!
KARL München is groß.
Da muß ich selber erst auf meine Füß stehn.
Dann kannst nachkommen.
MARIE Papa, wo ich deine Tochter bin!
PAPA Mit mir kann man nicht rechnen.
Ein lediges Kind seh ich nicht,
weil es für mich nicht existiert.
Erziehung!
Wer bin ich denn?
Ich kann nicht heraus aus meiner Haut.
Und Schuster is ein Handwerk,
das unbarmherzig stirbt.
Ich hab eine Annonce in die Zeitung getan,
ich heirat noch einmal.

Es muß sein.
Das Alter ruft und ein unschuldiger Witwer,
das zieht.
Ich denk an mich und überleb.

MARIE Ich bin dir ganz hörig Peter,
wennst mich nimmst,
die Komödie wachst mir über den Kopf.
Ganz unbarmherzig.

PETER Und was sagt mein Papa.
So wie es steht.

MARIE Der Leonhard nimmt mich auch nicht.

PETER Schlechte Aussicht.
Pause.

MARIE Dann –

PAPA – bringst du dich um.
Das is bekannt und fad.
Machen mir einen Skat, die Herrn?

KARL Is das nicht unbarmherzig?

PETER Warum?
Bloß der Leo fehlt und es geschieht ihm recht,
und keiner muß aussetzn.

PAPA Keine Ausredn.
Ich gib.
Tut es, sie fangen an Skat zu spielen.

MARIE Und ich?

PETER Tust kibitzn.

MARIE *verzweifelt ab.*
Papa, Peter und Karl spielen einige Zeit.

MARIE *kommt zurück:* Damits es wißts:
Ich hab mich vergiftet.
Pause.
Papa,
Karl,
Peter
ich habe mich vergiftet!
Pause.
Ich hab mich wirklich vergiftet!
Schreit: Hilfe!

PAPA Mach kein Theater.

MARIE Hilfe!

Ein Selbstmord,
den ich nicht überleb!
Polizei,
Rettung!
Anrufen sofort einhundertelf
die Feuerwehr!

KARL Einhundertzwölf is Feuerwehr!

MARIE *will etwas sagen, bringt nichts heraus.*

PETER Zerscht mußt tot sein,
dann glauben mir es!
Sie lachen. Pause.
Hol ein Bier, is gscheiter.
Pause.

MARIE Ja. *Ab.*

Ende

Mich selbst
erschüttert
diese Klara
gewaltig
wie sie aus der Welt
herausgedrängt
wird

Friedrich Hebbel

Für Christl und Rolf Priemer

Münchner Kindl

Eine Ballade aus Bayern

Die Ballade ist so konzipiert, daß sie sich sowohl für die szenische, als auch für die gelesene Aufführung eignet. Je nach Möglichkeit wird man die Vorgänge mehr oder weniger gut andeuten, bzw. wirklich eine Rentnerin, einen Gastarbeiter, etc. auftreten lassen.
Professionelle Bühnen können an das »Münchner Kindl« wie an ein Dokumentarspiel herangehen, musikalische Unterstützung wäre in jedem Fall wünschenswert.

Wir erzählen, was gewöhnlich ist,
auch wenn es unfaßbar scheint,
denn viele Pfähle ankern noch immer
im Fleisch der Menschen
die alles schaffen und so wenig fordern.
Aber schwerlich stellt schnell und furchtlos
der Kleingehaltene über Jahrtausende
sich auf gegen die Kleinhalter.
Weniges ist noch immer so Vieler Los.
Und Wenige sind noch immer
so Vieler einziges, schmerzliches Schicksal.
Das muß anders werden.
In allen Bereichen ist vieles zu tun,
in manchen ist alles was nie hätte sein sollen
seit Menschen denken, wie einst.
Von einem der Pfähle wollen wir berichten.

Frage:

Wann hätte, wenn überhaupt ausmalbar,
das Folgende sein können,
und wer führt hier das Wort?

Über sein Leben hinaus
ist keiner mehr mächtig.
Könnten aber die verzweifelt Gestorbenen
etwa abschaffen ihre Stummheit
und zu den vielen sprechen,
die zurückbleiben,
indem sie sich einschleichen
heimlich und in der Nacht
in Rundfunkhäuser und Fernsehanstalten
und allen berichten,
was sie verzweifelt gemacht hat
und wer –
über eine einzige Nacht
wären viele, die in Sicherheit sich wiegen
in Todesgefahr und mit Recht.

Abschiedsbrief: (An eine Wohnungs-Baugesellschaft, die mehr als 1000 Wohnungen besitzt!)

Sehr geehrte Herren!

Drei Briefe habe ich Ihnen schon geschrieben, aber als Antwort habe ich nur ein einziges Mal ein vorgedrucktes Schreiben erhalten, wo Sie mir mitteilen, daß ich nicht der Einzige bin, dem gekündigt worden ist und daß man keine Ausnahme machen kann. Auf diesen Brief hier brauchen Sie mir auf alle Fälle keine Antwort mehr geben, weil wenn Sie ihn erhalten mit der Post, dann bin ich nämlich schon tot und ist überflüssige Zeitvergeudung.

Seit 25 Jahren wohne ich in der Wohnung und weil mir vor zwei Jahren meine Frau gestorben ist und sonst niemanden habe, hänge ich an der Wohnung aus Erinnerung. Das habe ich Ihnen aber schon geschrieben. Auch habe ich Sie gebeten, einmal herzukommen und das Haus besichtigen zu wollen, damit Sie sehen können und sich überzeugen, daß eine Renovierung ganz unnötig ist, weil nämlich alle Mieter sehr ordentlich sind und immer alles in Schuß gehalten haben im Haus.

Inzwischen habe ich auch erfahren, daß ich derzeit keine andere Wohnung erwarten kann, wo ich bezahlen kann. Jetzt habe ich mir ein möbliertes Zimmer genommen. Das habe ich heute besichtigt und bin ganz erschrocken, weil es nicht schön ist. Gleich wie ich es gesehen habe, habe ich mir gedacht: Das glaube ich nicht, daß ich da einmal wohne. Und jetzt, wo ich wieder daheim bin, sehe ich mich überhaupts nicht mehr hinaus und bleibt mir nur noch, daß ich mich umbringe. Das ist bloß Ihre Schuld und sollen Sie wissen, weil eine Wohnung braucht der Mensch und wo man nimmer jung ist und allein, ist eine Wohnung überhaupt das Allerwichtigste was gibt auf der Welt ...

Als die Wohnungsbaugesellschaft den Brief bekam, lebte der Absender noch und wartete, überzeugt davon, daß diese letzte verzweifelte Lüge ihre Wirkung täte. Er irrte sich. Der

Brief wurde gelesen und zu den Akten gelegt, nachdem die Gesellschaft vorher beschlossen hatte, auf Mieterproteste generell nicht mehr einzugehen.

Die Sache verlief für die Herren auch günstig: Der Briefschreiber erhängte sich nämlich erst zwei Monate später und zwar in dem Untermietszimmer.

In den Zeitungen konnte man lesen, daß der Mann seit dem Tode seiner Frau an schweren Depressionen gelitten habe . . .

Daß der Mensch wohnt ist notwendig.
Notwendiges, Unverzichtbares also
verkaufen zu lassen wie Luxus
von Einzelnen für alle feilgeboten
ist untragbar und muß abgeschafft werden.
Wer da zu mir kommt und sagt:
Mein ist, wo du hintrittst,
mein ist, was du verspeist,
mein ist, was du trinkst,
mein ist, was dich kleidet,
mein ist, wo dein Kopf zur Nacht ruht,
der ist mein Feind und muß nicht weiter reden.
Könnte ihm doch morgen schon
Neues einfallen und er mir vorhalten:
Mein ist, was du atmest,
denn meine Wälder machen,
daß deine Lungen Luft haben
und mein ist der Himmel über dir,
denn die Dünste meiner Seen
und die Nebel meiner Flüsse
werden hoch oben die Wolken,
die du über dir stehen siehst,
und frei wähnst.
Und der Regen,
ohne den nichts denkbar ist,
ist also auch mein.

Das Wort mein zeigt,
wo die Armut der Vielen ihren
furchtbaren Weg nahm.

Die Wohnung ist die Lebensvoraussetzung jedes Menschen. Die Wohnung ist Grundlage und Mittelpunkt des Familienlebens. Deshalb ist sie ein besonders zu schützendes Gut, das der erstrangigen Fürsorge des Staates bedarf. Unter Beachtung verfassungsrechtlicher Vorschriften wie der Unverletzlichkeit der Würde des Menschen (Artikel 1), des Rechtes auf freie Entfaltung der Persönlichkeit (Artikel 2), und des besonderen Schutzes einer gesunden Entwicklung der Familie (Artikel 6) muß das Wohnungswesen und muß die Mietpreisgestaltung zu einer sozialen Aufgabe werden, die jede Spekulation, jeden Wucher, jede Willkür und Ausbeutung mit dem Gut Wohnung ausschließt.

Wer, frage ich,
der guten Willens ist
Schlechtes besser zu machen,
kann gegen diese Forderungen sich stemmen?
Und wer, frage ich,
hat die Stirn,
aufzustehen gegen die Verfassung,
die da sagt:

Die Wohnung ist unverletzlich. Artikel 13/1
Eigentum verpflichtet. Sein Gebrauch soll zugleich dem Wohle der Allgemeinheit dienen. Artikel 14/2
Grund und Boden, Naturschätze und Produktionsmittel können zum Zwecke der Vergesellschaftung durch ein Gesetz, das Art und Ausmaß der Entschädigung regelt, in Gemeineigentum oder in andere Formen der Gemeinwirtschaft übergeführt werden. Artikel 15
Nachlesbar in: Grundgesetz für die Bundesrepublik Deutschland

Ich, Baron von Finck,
geboren 1898,
nenne viel mein eigen
und bin in großer Sorge.

Um Bayerns Landeshauptstadt München,
die groß und stolz die Isar teilt,
nenn ich mein eigen etwa

20 Millionen Quadratmeter Land,
bebaubar und sehr wohnlich dann.
Man sagt
2 Milliarden sei's wert.
Und spricht so über mich:
Herr von Finck,
wenn er am Morgen wach wird,
ist reicher dann um 1 Million,
als er am Abend vorher war.
Denn was um Bayerns Herz
ich kann mein eigen nennen,
nimmt zu im Jahr an Wert
um rund 400 Millionen.
Im Lande selbst besitz
ich Güter,
die da heißen:
Unterbiberg,
Möschenfeld,
Neubiberg,
Ödenstockach,
Solalinden,
Keferlohe,
Wolfersberg,
Epolding.
Dazu nenn ich mein eigen,
flächige Jagdgebiete in den Bergen
und die Vereinsalpe zu Mittenwald.
Auch von dem Uferland,
das Barmsee,
Kochelsee
und Osterseen begrenzt,
nenne das meiste ich mein eigen.
In München selbst,
so in der Innenstadt,
hab eine Vielzahl Häuser ich
und bin
Alleinbesitzer vom Bankhaus Merck, Finck und Co.
und bin mit meinen beiden Söhnen
Inhaber vom Bankhaus Waldshausen und Co. zu Düsseldorf

sowie der Deutschen Spar- und Kreditbank AG zu
München.
Beteiligt bin ich an
den Deutschen Lloyd Versicherungen,
der Löwenbräu AG,
der Würzburger Hofbräu AG,
der Brauerei Schremp AG in Karlsruhe,
der Gesellschaft für Markt- und Kühlhallen in
Hamburg,

der Isarwerke GmbH,
der Isar Amperwerke AG,
der Hochtief AG in Essen,
der Edelstahlwerke Witten AG,
der Stahlwerke Südwestfalen AG,
und der Allianz Versicherungs AG.
Was ich an Grund mein eigen nenn,
sagt man, sei drei Milliarden Demark wert,
die Aktien hätten Kurswert
eine gute Milliarde.
Häuser und Kleineres käm noch dazu.
Da eine Milliarde 1000 Millionen sind,
und ich sie mehrfach habe,
nennt man mich reich.

Ich heiße Ludwig Wagner,
geboren 1939,
hab eine Frau und einen Sohn
und bin in großer Sorge.
Mein eigen ist:
Ein Ford Taunus 12 m, Baujahr 1968,
ein Saba-Fernsehapparat, schwarz-weiß,
eine Waschmaschine, vollautomatisch von der AEG,
ein Elektroherd von Siemens,
und Siemens Kühlschrank,
ein Fotoapparat und ein Radio.
Alles sehr gut erhalten, weil gepflegt.
Mein Sohn, der Ludwig heißt wie ich,
besitzt,
weil er noch klein ist

und wir ihn sehr lieben,
Spielsachen.
Darunter eine Merklin-Eisenbahn,
elektrisch mit Gleitspur,
die jedes Jahr zu Weihnachten erweitert wird.
Derzeitiger Wert: mindestens 500 Mark.
Wir besitzen eine Schlafzimmergarnitur,
die meine Frau mit in die Ehe gebracht hat
und wir besitzen eine Wohnzimmergarnitur
von Kaufhaus Karstadt,
die 1966 Demark 899,– gekostet hat.
Ein neuer Wohnzimmerschrank
wurde vor zwei Monaten angeschafft.
Er hat – weil er sehr schön sein sollte –
1126 Mark und 98 Pfennig gekostet.
Allerdings, weil wir auf Raten zahlen,
was leichter geht,
gehört er uns erst in 10 Monaten.
Meine Frau hat einen Pelzmantel,
auf den sie sehr stolz ist,
Persianerklaue aber mit Nerzkragen,
und ich drei gute Anzüge.
Ein Schach mit handgeschnitzten Figuren,
der große Brockhaus
und eine Tischkegelbahn, genannt Romba,
gehören zusagen mir allein.
Übliche Gebrauchsgegenstände
und Kleineres käm noch dazu.
Ich verdiene 1067 Mark und 43 Pfennig monatlich
und netto, meine Frau,
die halbtags arbeitet 350 bis 380 Mark cirka,
je nach Monat und Arbcit.
Von dem, was wir zahlen müssen,
weil wir es nicht besitzen,
wäre als 1. die Wohnung zu nennen:
486 Mark ohne Garage und Heizung
für eine Zwei-Einhalb-Zimmer-Küche-Bad-
Wohnung
mit kleinem Balkon nach Südosten,
im Westen Münchens.

Bischof Dr. Graber sagte in seiner Predigt während der Totenmesse für den verstorbenen Chef des Hauses Thurn und Taxis, Fürst Franz Josef, im Jahre 1971 folgendes: »Tradition ist auch eine Haltung, eine christliche Haltung, so wie es Paulus seinem Schüler Timotheus anempfiehlt: ›Behüte das anvertraute kostbare Gut!‹ und dies hat der verstorbene Fürst getan ...

... und so hat der Fürst unserer Zeit im wahrsten Sinne des Wortes gedient durch den Ausbau und die Modernisierung seines Besitzes. Er hat uns allen damit ein Beispiel gegeben, wie echte Tradition Zukunft baut. Und dafür danken wir ihm!«

Ich, der regierende Fürst,
Erbprinz Johannes Baptista de Jesus
Maria Louis Miguel Friedrich
Bonifazius Lamoral von Thurn und Taxis
nenn in der Bundesrepublik Deutschland
340 Millionen Quadratmeter Grund und Boden
mein eigen.
In Kanada sinds 50 Millionen
und in Brasilien 500 Millionen.
Abgerundet wird's
durch 18 Schlösser,
wobei erwähnenswert besonders
unser Schloß St. Emmeran,
der Stammsitz unsres stolzen Hauses,
zu Regensburg der schönen Stadt,
das 500 Zimmer hat.
Dann nenn ich noch mein eigen
die Fürstliche Brauerei derer von Thurn und Taxis,
sowie 5 weitere Brauereien.
Beteiligt bin ich an der
Bayrischen Handelsbank AG,
der Bayrischen Vereinsbank
und als eignes Bankhaus haben wir
die Thurn und Taxisbank zu München
In Pforzheim sind wir engagiert
in der Schmuck- Uhren- und Metallindustrie
und Kleineres käm noch dazu.

Es heißt, die Thurn und Taxis
seien unendlich reich.

Iche Gastarbeita turkesch, komme Arbeid Deitschelant. Komme mid Frau und zwei Kinda, ise bessa. Drei Jahre Deitschelant etz. Viele Arbeid, viele spare Bank, für wenne gehe zuruk Turkei. Wolle gehe bald, wenne geht. Arbeite Bau, Philip Holtzmann Minchen, Frau arbeite Kaufhof. Habe netto Woch 200 Mark, wenne mache viele Arbeit Ibastund komme 250 Mark. Frau in Kaufhof, habe Monat 620 Mark netto. Wohne Haus mid andare, habe ein Zimmer und Kamma, koche mid andare in große Kich. Zahle Miete 420 Mark, weile is pro Kopf 105 Mark, Strom extra, Wassa extra, Gas extra, Kohleofe heize extra wene kald. Kinda in deitsche Schul seid eine Jahr, aba nix lerne, weil in deitsch schlechd. Besitze mir noch nix, weil alles spare. Habe mir auf Bank 3225 Mark und 38 Pfennig etze.

Ich, Fürst Georg von Waldburg zu Zeil
und Trauchberg gelt
– so wills der Volksmund –
als »Kaiser vom Allgäu«.
Dort nenn ich mein eigen
100 Millionen Quadratmeter Land
nebst Sonstigem.
Erwähnenswert sei noch,
daß ich das Holz aus meinen Wäldern
in meinen Sägewerken schneid,
in meinen Papierfabriken verarbeit
und dann an meine Allgäuer Zeitungsverlags GmbH
verkaufen kann.
Unter dem Firmennamen Eisenfuchs
mit einigen Filialen überall
treib ich noch
Haushalt- und Eisenwaren Handel
und dann verdien ich noch
mit meinen Heilstätten und Parks.
Für zirka 1500 in Erholung Verschickte
der Landesversicherungsanstalten
hab ich dort Platz.

Kleineres käm noch dazu.
So heißt es auch von mir,
ich sei sehr reich.

Ich heiße Klara Oberhoff und bin Rentnerin. Meine Rente beträgt 247 Mark und 56 Pfennig im Monat. Dreiundfünfzig Jahre habe ich bei Arbeit verbracht, weil ich schon mit 12 Jahre in Arbeit gegangen bin, was üblich war bei uns und schon seit neun Jahren in der Rente bin, weil ich jetzt 74 bin. Wie ich aus der Landwirtschaft heraus bin, weil ich eine Magd gewesen bin und dann keine Schlafstelle mehr gehabt hab, weil eine andere Magd, was jetzt landwirtschaftliche Angestellte heißt, gekommen ist, da bin ich in ein möbliertes Zimmer gekommen, wo ich heute noch wohne. In Landshut. Schöne Stadt. Das Zimmer kostet 95 Mark im Monat, im Winter 6 Mark Zuschlag Heizung. Einmal Woche Stiege putzen. »Was« haben die Vermieter gesagt, »so wenig Rente bei soviel Arbeit, aber da kann man keine Rücksicht darauf nehmen.« Bei 53 Jahre Arbeit gibt es eine andre Rente, aber nur, wenn man was verdient hat. Ich wo so lang bloß für Schlafen und Essen und Taschengeld gearbeitet hab, und nicht geklebt worden ist, war ganz schlecht. Besitz is bis auf Gewand zum Anziehn nicht viel, aber eine Brosche aus Granatsplitter und ein altes Dirnl, wo mir nimmer paßt aber schön is, is da. Wecker is da und ein Kocher, wo mir gehört und Spielkarten und teure Tabletten und »Doppelherzwein«, wo die Krankenkass ned zahlt aber gsund is, wie der Doktor sagt und ein großer Koffer, wo alles drin Platz hat, was mir gehört.
Wie ich weg bin von der Stell nach Landshut, weil alt, war es ganz allein um mich herum. Nix is gwesn, kein Vieh, kein Stall, bloß Straßn und Lärm und Menschen, die wo keins kennt. Da bin ich ins Tierheim, schlau wie ich bin und ein Hund is kauft wordn! Futterspende 38 Mark hat er kost und Halskettl und Steuer und viel Fressen. Eine Mischung, Stiegengländer, aber ein guter Hund, kein Zweifel. »Eine alte Frau und der Wasti sind kein Unglück«, hab ich immer zu die Nachbarn gsagt, weil mir beliebt warn und glacht.
Acht Jahr bei mir. Ein Hund lebt lang, wenn eins aufpaßt. Vor drei Monat da hat ihn das Fraule einschläfern lassn beim

Tierarzt, obwohl er es ned gmerkt hat, eine Spritzn und kein Schmerz, bloß tot, was das Schlimme is.
Der Hausbesitzer, den man nicht kennt, hat eine Verordnung erlassen, daß kein Hund mehr sein darf in seine Häuser. »Mir ned, der Hausbesitzer sagt es – und wer kann sich wehren, Frau Oberhoff?« ham die Leut gsagt, wo ich bin.
Das war mein liebster Besitz, weil Einsamkeit schwer is.

Wir Wittelsbacher
Prinz Max Emanuel
Prinz Leopold
Sohn des geliebten
und verunglückten
Constantin
und Friedrich Freiherr von Teuchert
sind bekannt dem Volk.
Verloren zwar als Könige
den Thron im Jahre 1918
was nicht verwunden werden kann,
nennen trotzdem noch unser eigen
Schlösser in reicher Zahl
und über deren Wert und Inventar
man rätseln muß.
Wir nennen weiter unser eigen
100 Millionen Quadratmeter
Länder, Felder, Wälder, Baugrundstücke
und eine Brauerei,
das Wildbad Kreuth,
ein stattlich Aktienpacket der Bayrischen
Vereinsbank
und einiges Auslandsvermögen,
wies dem Haus gebührt.
Der Wittelsbacher Ausgleichsfond sei nicht
vergessen
und Kleineres käm noch dazu.
Könige sind wir einst gewesen,
das ist vorbei,
doch Gott sei Dank noch reich.

Da 's noch so viele wären,
die darzustellen Tage bräuchte,

genau so kurz und nur mit Namen
und auch den Namen des Besitzes nur,
den sie ihr eigen nennen,
daß alle ihr nach Hause gingt
um Luft zu schöpfen und
ob dessen was ihr hörtet
die Augen Euch zu reiben,
weil was nicht sein kann
hier bewiesen wird als: ist –
erlaubt, daß ich noch schnell
ein halbes Dutzend selber vorstell,
die hier in Bayern – was kein Ausnahm ist –
viel haben oder praktisch alles
und das oft seit dem Mittelalter
und noch gefestigt durch das 3. Reich
bis heute fortgerettet und vermehrt,
und kein Verlust und keine Schmerzen sind
weit und breit.

Hans Veit Graf zu Toerring-Jettenbach
Herr über 5 Schlösser
und 2 Brauereien
dazu 60 Millionen Quadratmeter
Länder, Felder, Wälder, Baugrundstücke
und umfangreichem Aktienbesitz
etwa:
die Uher-Werke im Alleinbesitz
nebst Kleinerem.
Poschinger von Frauenau,
Barone mit insgesamt
120 Millionen Quadratmeter
Länder, Felder, Wälder, Baugrundstücke,
nebst vielem Kleinerem.
Die Fürsten Fugger
mit 120 Millionen Quadratmeter
Länder, Felder, Wälder, Baugrundstücke,
mit Sägewerk,
dem Fugger Möbelwerk,
dazu noch Schlösser von sehr großem
oder unschätzbarem Wert,

zahlreichen Industriebeteiligungen,
der Brauerei Fürst Fugger-Babenhausen,
einer Privatbank
nebst Kleinerem.
Baron von und zu Guttenberg
verstorben
hinterließ 100 Millionen Quadratmeter
Länder, Felder, Wälder, Baugrundstücke,
700 tausend Weinstöcke bei Deidesheim,
Schlösser und Hotels,
dazu den Kurort Bad Neustadt
nebst Kleinerem.
Fürstenhaus Löwenstein-Wertheim,
das etwa 120 Millionen Quadratmeter
Länder, Felder, Wälder, Baugrundstücke
sein eigen nennt,
dazu die Aktienmehrheit der
Anton Steinecker Maschinenfabrik zu Freising
und knapp ein Viertel der Aktien der
Held und Franke Bau AG
nebst Kleinerem.
Fürst Karl Friedrich zu Oettingen-Wallerstein,
der etwa 100 Millionen Quadratmeter
Länder, Felder, Wälder, Baugrundstücke
sein eigen nennt und
Großaktionär der Bayerischen Vereinsbank ist
nebst Kleinerem.

Zwischenfrage:

Wie wird man denn so reich, daß es der Kopf nicht fassen kann?

Drei Beispiele für Viele:

Die von Thurn und Taxis,
haben sich ihren Grundstein legen können
für das Milliardengut,
das sie derzeit ihr eigen nennen,
durch das Post- und Beförderungsmonopol

das sie dreihundert Jahre inne hatten.
Sie waren dadurch besser informiert als alle
und wurden reich, was dann ganz einfach ist.
Auch das Geschlecht der Waldburg-Zeil verdankt,
was heute es sein eigen nennt
im großen Ganzen der Vergangenheit,
die blutig ihm gewesen.
»Bauernjörg« nannt man den Truchseß Georg von Waldburg,

weil er im Jahre 1525 die Söldnerhaufen
des Schwäbischen Bundes angeführt
und siegreich war gegen den Aufstand,
den bis aufs Mark gequälte Bauern lieferten.
Rund hunderttausend ließ er niedermetzeln
und das ist schon der Grundstein des Geschlechts
an heutigem Reichtum, Ansehn, Ehre.
Der Herr von Finck ist auch –
doch liegts nicht ganz so weit zurück –
zu viel von dem, was er heut hat,
in andrer Zeit gekommen.
Der NSDAP trat er im März
des Jahres 33 bei und wurde noch im selben Jahr
Mitglied des Generalrates der Wirtschaft
und kam auch ins Präsidium
der Akademie für deutsches Recht.
Für Hitlers Haus der Deutschen Kunst
hat er gesammelt und für die
Hermann Göring Geburtstagsspenden.
Zum Dank dafür, heißt es,
hat er jüdische Bankhäuser
dann arisieren dürfen:
die J. Dreyfus und Co. Berlin
und dann das mächtige Wiener Haus
S. M. v. Rothschild.
Wir schreiben heute eine andre Zeit,
doch für die großen Herrn
haben sich die Zeiten
nicht geändert.
1970 übernahm

die Bayrische Vereinsbank
die Bayrische Staatsbank.
CSU-Ministerpräsident
Herr Alfons Goppel
kam in den Aufsichtsrat
und Rudolf Eberhard
einst bayrischer Finanzminister
der CSU wurde sogar der
stellvertretende Vorstandsvorsitzende.
Im Beirat sitzt – auch von der CSU –
Herr Otto Freiherr von Feury,
Präsident auch des Bayr. Bauernverbands
und außerdem treffen wir wieder:
Friedrich Freiherr v. Teuchert
Carl Friedrich Fürst zu Oettingen Wallerstein
Johannes Erbprinz von Thurn und Taxis.
Die Bank selber tut was sie kann.
Sie hat Beteiligungen an:
Bayr. Wohnungsbaugesellschaft für Handel und
Industrie, München
HAWA Grundstücksverwaltungsgesellschaft,
München
Salvatorplatz-Grundstücksgesellschaft, München
Tivoli Handels- und Grundstücks
Aktiengesellschaft, München
Bayr. Immobilien-Leasing GmbH, München
Fränkische Wohnungsbaugesellschaft, Nürnberg
Internationales Immobilien Institut, München
Bayr. Landessiedlung, München
Gemeinnützige Wohnungsbaugesellschaft der Stadt
Röthenbach
Süddeutsche Bodenkreditbank, München
Bayr. Bauvereinsbank, München
Münchner Hypothekenbank.
Fünf große Brauereien gehören
auch dazu.
Von denen wiederum ist zu bemerken,
was sie besitzen.
Etwa die Hacker-Brauerei 130 tausend
Quadratmeter

Grundbesitz im Münchner Stadtgebiet
und 224 tausend Quadratmeter draußen.
Etwa die Pschorr-Brauerei 85 tausend
Quadratmeter
Grundbesitz im Münchner Stadtgebiet
und 108 tausend Quadratmeter draußen.
So sind, da kann kein Zweifel sein
Der Adel
die Finanzen
und die CSU
ein gleichschenkliges Dreieck,
in dessen Schößen sitzt:
Die Macht,
die Ausbeutung
und der Profit.

Und was unfaßlich scheint
in unsrer Zeit
die Wirklichkeit beweist:
es ist.
Und auch der runden Zahlen
glattes Spiel verschleiert
was man sagen will.
Stell dir zum Beispiel vor:
2800 Millionen Quadratmeter
Länder, Felder, Wälder, Baugrundstücke
und mehr als 100 Schlösser
gehören
nur 26 Adelsfamilien.
Und dann:
Ein fettes Drittel der gesamten Wirtschaftsfläche
und über drei Viertel der Forstfläche
gehören in der Bundesrepublik
sage und schreibe 0,01 Prozent der Bevölkerung.
Aber 90 Prozent der Bevölkerung
haben weder Länder, Felder, Wälder,
Baugrundstücke
noch, und sei's das kleinste Stück, einen Garten.
Die Hälfte der Bevölkerung hat keinen Balkon
und eine Million hat keine Wohnung

und sei sie noch so klein.
Was tun?

Die CSU geht vom unabänderlichen und christlichen Bekenntnis zum Eigentum im Ganzen, so auch bei Grund und Boden aus. Sie schlägt deshalb eine Ergänzung des bestehenden Bodenrechts dergewalt vor, daß in Hinkunft die Gewinne aus veräußerten Grundstücken maßvoll besteuert werden sollen. Nicht veräußerte Grundstücke werden nicht versteuert. Das ist nicht unklug ausgedacht für die Großgrundbesitzer und Konzerne, denn die meisten von ihnen haben schon seit Jahren keinen Quadratzentimeter Grund mehr verkauft. Im Gegenteil: Sie kaufen, wo sie können neues Land dazu, von denen, die verkaufen müssen: den Kleingrundbesitzern. Die CSU weiß, wem sie zu dienen hat.

Der FDP ist grundsätzlich, was ist, nicht unrecht und nicht recht. Sie will durch steuerliche Korrekturen die allerschlimmsten Auswüchse in Zukunft verhindern. Wo diese allerschlimmsten Auswüchse beginnen, weiß man noch nicht. Man wird sich aber bald erkundigen und dann von sich hören lassen!

Die Kernpunkte der SPD-Bodenreform lauten: Bodenwertzuwachssteuer und Planungswertausgleich. Bodenwertzuwachssteuer heißt: Grund und Boden, der mit der Zeit mehr wert wird, wird an diesem »mehr« besteuert. Planungswertausgleich heißt: Wiesen und Äcker, die durch Bebauungsvorhaben der Gemeinden über Nacht viel mehr wert geworden sind, ohne daß die Besitzer auch nur einen Finger hätten krumm machen müssen, werden an diesem »viel mehr« besteuert. Das klingt nicht schlecht, aber: An den Eigentumsverhältnissen ändert sich gar nichts. Alle, die wir euch vorgestellt haben, behalten alles, was wir aufgezählt haben. Sie sollen dafür nur Steuern zahlen. Diese werden sie aber, wie immer abwälzen. Sie werden sie auf die Bodenpreise draufschlagen, von dort werden sie auf die Baupreise durchschlagen, von dort werden sie auf die Mieten durchschlagen und den Mieter erschlagen. Ändern tut sich für die Obern nichts.

Die DKP hat ein Programm ausgearbeitet und darin heiß es: Wir fordern: Das Wohnungswesen wird zur sozialen Gemeinschaftsaufgabe erklärt. Wie der Bau von Straßen, Schulen und Krankenhäusern so ist auch der Bau von Wohnungen eine soziale Aufgabe von Bund, Ländern und Gemeinden. Befreit den sozialen Wohnungsbau von allen Steuern, Abgaben und Erschließungskosten. Grundstücke müssen für den sozialen Wohnungsbau zu niedrigsten Preisen zur Verfügung gestellt werden. Lebenkönnen geht vor Eigentum. Von der öffentlichen Hand in Sanierungs- und Entwicklungsgebieten erworbene Grundstücke dürfen nicht wieder veräußert, sondern müssen für soziale Zwecke verwendet werden. Der Neubau von Wohnungen muß unter dem Prinzip der Gemeinnützigkeit erfolgen. Die Mietpreisgestaltung unterliegt allein der öffentlichen Kontrolle.

Der Wohnbesitz von Banken, Versicherungsgesellschaften, Industrie- und Handelskonzernen, der Wohnungsbaugesellschaften in privater Hand und der großen Hauseigentümer ist in genossenschaftliches Eigentum der Mieter oder in andere gemeinnützige Formen zu überführen. Grund und Boden, der zum Wohle der Allgemeinheit für die sozialen Aufgaben des Wohnungsbaus und andere Gemeinschaftsaufgaben benötigt wird, ist in öffentliches Eigentum zu überführen. Da Boden nicht vermehrbar ist und jeder von ihm abhängt, der auf dieser Welt lebt, muß der monopolartige Bodenbesitz in Gemeineigentum aller überführt werden und für die Belange der Allgemeinheit nutzbar gemacht werden.

KIND Was heißt das, Papa, daß mir ausziehn müssen?
VATER Sag ihr, was das heißt.
MUTTER Sags ihr selber, is Deine Tochter auch.
Pause.
Tuts essn!
Pause.
Ausziehn heißt –
Zäsur.
Ausziehn.
VATER Genau.

KIND Warum?

VATER Weil das so ist.

MUTTER Richtig. *Zum Kind:* Frag ned so dumm, wos nix nutzt.

Pause, sie essen.

VATER Ausziehn heißt, daß man wo weg muß, wo man daheim is.

KIND Und warum bleibn mir dann nicht?

MUTTER Weil mir müssen.

Pause.

Wenn es eine Eigentumswohnung sein tät, *sie lacht.* dann tät man hingehn und sagn: Sie, das is ein Irrtum, weil es eine Eigntumswohnung is, wo uns gehört!

VATER Genau.

MUTTER Aber Eigntumswohnung is es halt keine.

VATER Nein.

MUTTER Und deswegn muß man ausziehn, wenn der, dem wo die Wohnung gehört hergeht und sagt: Sie müssen ausziehn, weil ich es will und andere Pläne hab.

KIND Und wem ghört die Wohnung?

MUTTER Die andern. Die sind eine große Firma, und die habn so viele Wohnungen, daß du gar nicht so weit zähln kannst, so viele Wohnungen ham die.

KIND Warum?

MUTTER Weil sie sie gebaut ham. Oder kauft.

KIND Und warum kaufn mir dann nicht auch eine Wohnung?

MUTTER Was glaubst, was das kostet, so eine Wohnung?

VATER Zweihunderttausend Mark – zwei Zimmer, Küche, Bad und Abstellkammerl! *Er lacht.* Da tät es nimmer langen für deine Puppn!

KIND Aber meine Puppnküch, die gehört mir, gell!

VATER Wost es zu Weihnachten kriegt hast.

MUTTER Gschenkter, gschenkter nimmer gebn!

KIND Dann ziehn mir alle in die Puppnküch, weils mir ghört und mir Euch drin wohnen lassn, die Puppn und ich! *sie nickt.*

MUTTER Tu jetz essn, wos schon kalt wird!

Pause.

VATER *leise:* Eine Schand is, wie man umspringt mit uns – und man kann sich nicht wehrn!

DOCH MAN KANN SICH WEHREN UND MAN MUSS.

VATER Wie denn?
MUTTER *nimmt das Kind auf den Schoß, die Familie schaut zu ...*

1969 hat der Münchner Stadtrat beschlossen:
Profit vor Bürgerschutz!

Im Münchner
Viertel Lehel
gleich an der Isar
und bekannt,
mit großen alten Häusern
in deren Bauch
die dunklen
warmen
Altbauwohnungen
sich strecken
die riechen nach der Zeit
und gut gebohnert
ewig halten
haben in nur 2 Jahren
fünfzehntausend
Mieter die Wohnungen
verloren.
Raus hieß es und sonst nichts.
Die Stadt
hat kurzerhand
dies Wohngebiet
erklärt zum Kerngebiet,
was heißt:
Nun kommt ihr Bestien all
die fett im Kapitalismus wohnen
wie Maden in des Bauern Winterspeck,
nun kommt ihr Wucherer, ihr Banken und ihr Adligen,
ihr riesengroßen Hausbesitzer
und Aktienhalter und Konzernsgewaltigen,

frei ist die Bahn
zum Fraße vorgeworfen wird euch
ohn daß euch Reu befallen müßte
ein ganzes Viertel, eine kleine Stadt!
Die Kinder sollen raus,
die den Verkehr in diesem Viertel kennen,
und deshalb seltner überfahren werden;
die Spielplätz, die die Stadt verweigert
mit sehr viel Mut und viel Geduld
sich selber habn entdeckt,
seis jetzt ein Schlupfloch
seis ein leerer Keller,
ein teppichgroßes Plätzchen grün,
auch ein Hofeinfahrt,
die nicht befahren wird.
Die Großen sollen raus,
die sich gewöhnt ham aneinander,
die ihre Fehler kennen,
die miteinander Karten spielen.
Die Frauen habn sich angefreundet,
man schaut auf anderer Kinder,
man hilft sich wenn man krank,
und hält zusammen bei Gefahr von außen,
und streitet auch, natürlich.
Und alte Menschen müssen raus,
die schon im Schlafe wissen,
wieviel Stufen sie wo gehen müssen,
wie hoch im Schritt die einzelne
und wo es rutschig ist und
wo im Winter welcher Weg gestreut.
Und auch die Tiere müssen raus,
die man sich hält,
und die ihr Plätzchen kennen.
Wer kann allein sich wehren,
wenn Herr von Finck und andere
mit ihren tausend Armen
dir in die Wohnung greifen
und deine Zimmer räumen
und deine Kinder und die Frau und dich dazu?
Denn keine dieser vielen Hände

siehst du wirklich,
weil freundlich und ganz sachlich
sind die Briefe die du kriegst
und ganz verständig bloß ganz ungerührt
die Herren die auszuführen haben
was die ganz oben ausgebrütet gegen dich.
Und doch: Es sind die langen Arme dieser Herrn
die wir heut vorgestellt und anderer
die euch noch unbekannt,
die dir an deine Gurgel fassen
und zudrücken und rausschmeißen
und kaufen und verkaufen
und kündigen und bauen
und vermieten und verpachten
und niederreißen und verbieten
und fördern und gestatten
wies ihnen grade paßt und dem Profit,
und über menschlich Leben gehen
als seis der Speichel räudiger Hunde bloß.
Und Ihr? Wehrt Euch!

Der DKP-Vorsitzende im Münchner Lehel sagte auf der 1. Kundgebung: Wir haben aufgerufen zu dieser Informationsversammlung, weil sonst keiner – weder die Parteien im Stadtrat noch die Stadtverwaltung – die Bevölkerung in unserem Viertel informieren würde: Über unsere eigene Zukunft – um die geht es nämlich!

Wir wissen es aus eigener Erfahrung nur zu gut: Die, die 30 Jahre unsere Nachbarn waren, auf einmal sind sie weg. Ausgezogen. Kurz danach wird das Haus abgerissen, ein neues aufgebaut und plötzlich hat man als Nachbarn eine Bank oder Versicherung. Das alles, liebe Mitbürger, passiert nicht zufällig, sondern nach einem genauen Plan. Wir haben uns diesen Plan besorgt, nämlich den Flächenplan der Stadt München und wir haben gesehen, daß unser Viertel, das Lehel, dort als sogenanntes Kerngebiet ausgewiesen ist, d. h. es soll überwiegend gewerblich genutzt werden und die Wohnbevölkerung, also wir, sollen raus. Wir sind von Haus zu Haus gegangen und haben mit den Bewohnern geredet: Fast keiner wußte, was ihm blühen wird. Jetzt wissen es alle! Entweder fangen wir sofort an, uns zu wehren, oder wir verlieren alle die Wohnung. Wir brauchen eine Veränderungssperre, d. h. wir müssen die Stadt München zwingen anzuordnen, daß ab sofort in unserem Viertel nichts mehr an den gegenwärtigen Verhältnissen geändert werden darf, also wir wohnen bleiben können. Deshalb schlagen wir vor, eine Bürgerinitiative zu gründen, in der alle Mieter unseres Viertels mitarbeiten können. Wenn wir zusammen stehen, dann müssen die oben über kurz oder lang auf uns hören!!!

VATER Hast des ghört Frau? Da machn mir mit!
MUTTER Und wie, mir machn mit!
KIND Ich auch und die Puppn!

Macht alle mit
und lernt aus Fehlern!
Wie oft etwa
warst du und du schon neidisch
auf deines Nachbarn neuen Fernsehapparat,
sein Auto,
seine Bräune im Gesicht?
Auf deiner Nachbarin Geschirr,
auf ihre neue, modische Frisur,
und daß sie vielleicht hochdeutsch kann?

Den Nachbarn laß nur ihre Freude,
sie stehn mit dir am gleichen Block,
und schuften ganz wie du für die,
die wir euch heute vorgestellt
und andere,
die noch unbekannt euch sind.
Auf alles das,
was d i e besitzen,
wann warst du da denn neidisch drauf?
Sie sind die Halter jener Ketten,
die dich und alle Nachbarn schmerzen,
sie treiben Pfähle in der Bürger Fleisch,

sie sind die Leger aller Fallen
und saugen Blut aus dir.
Auf die sei neidisch
und mit denen sei zerstritten
und denen droh wenn du betrunken bist
und denen nimm, was dein und euer ist,
wenn alle einig sind
und nüchtern.

In der Leheler Bürgerinitiative haben 100 Bürger mitgearbeitet. Sie haben die entsprechenden Anträge für die offizielle Bürgerversammlung vorbereitet und die entscheidenden Argumente gegen den Stadtrat und die Konzerne zusammengetragen.

Am 8. Juli 1970 nahmen 500 Leheler Bürger an einer Protestdemonstration teil und forderten, daß das Lehel Wohngebiet bleiben müsse. Das war der Beginn einer breiten Protestbewegung, die unbeirrt gegen die Pläne der Konzerne und des Stadtrats ankämpfte und zuletzt einen Erfolg erzielen konnte.

Die Stadt München mußte den Kerngebietsbeschluß zurücknehmen und das Lehel zum »tendenziellen Wohngebiet« erklären. Das hörte sich gut an, war es aber nicht:

Tendenzielles Wohngebiet –
darin steckt Wohnen und Tendenz,
und Wohnen, das ist klar.
Doch die Tendenz, sonst wär sie keine,
tendiert: nach da und dort.
Wies jetzt im Lehel scheint,
tendiert sie wieder einmal,
wie ja so oft bei uns,
ganz ungeniert den Großen zu:
Die Bürger haben einen Sieg errungen,
Die Stadt verdirbt ihn ihnen.

Tendenzielles Wohngebiet heißt: Es darf nicht mehr pauschal abgerissen und umgebaut werden, etwa ein ganzer Häuserblock, sondern nur noch jedes Haus einzeln, und zwar auf gesonderten Antrag.

Inzwischen sind Einzelanträge gestellt worden und es werden noch welche folgen, denn die Stadt gibt großzügig statt. Die Bürger wurden betrogen.

Und jetzt?

VATER Mei – weiterkämpfen, was denn sonst?
Mir wissn jetz, daß man sich wehrn kann,
wenn man will, und wer des weiß, der laßt
nimmer nach, bis er was Handfests erreicht hat!
Ganz egal, was passiert! Mir sind auf den Geschmack
kommen,
und die Puppnküch – is uns zu klein!

Wen schnell der Mut verläßt,
weil er sich sofort fügt und duldet,
und keinen Rückschlag tragen kann,
der wird kaputt gemacht ganz ohne Maß.
Wer aufbegehrt
und sich alleine helfen will,
der ist noch unvernünftig.
Die Ursach seines Kummers sind,
die lachen sich – kommt er allein –
in jene Faust, mit der sie ihn zerschlagen.

Wenn man dich unterdrückt,
merks dir,
dann bist du sicher nicht allein:
Die oben unterdrücken immer viele,
denn das ist schon Gewohnheit und Profit.

Fünfhundert zwangen in München
den Stadtrat, die Konzerne auf die Knie
und hinterrücks und tückisch
muß man sie jetzt betrügen

Wie lange noch?
Man hört im Lehel sagen:
es würden täglich mehr.
Unds stimmt!

Einen kann man leicht belügen,
tausend muß man schwer betrügen,
zehntausend strafen Lügen!

500 waren es 1970,
die nein und kämpfen sagten.
3000 waren es 1971
die einen Sternmarsch unternahmen,
von außen in die Innenstadt
und nein und kämpfen sagten.
5000 waren es 1972
die anmarschiert von überall
und nein und kämpfen sagten.

Wie viele werden es morgen sein?
Wehrt Euch!

Ende

Von Franz Xaver Kroetz erschienen im Suhrkamp Verlag

Heimarbeit · Hartnäckig · Männersache
Drei Stücke
edition suhrkamp 473

Stallerhof · Geisterbahn · Lieber Fritz · Wunschkonzert
Vier Stücke
edition suhrkamp 586

296 Hermann Kasack, Die Stadt hinter dem Strom
297 Peter Weiss, Hölderlin. *Stück in zwei Akten*
298 Henri Michaux, Turbulenz im Unendlichen
299 Boris Pasternak, Initialen der Leidenschaft. *Gedichte*
300 Hermann Hesse, Mein Glaube. *Eine Dokumentation*
301 Italo Svevo, Ein Mann wird älter
302 Siegfried Kracauer, Über die Freundschaft. *Essay*
303 Samuel Beckett, Le dépeupleur. Der Verwaiser
305 Ramón José Sender, Der König und die Königin
306 Hermann Broch, James Joyce und die Gegenwart. *Essay*
307 Sigmund Freud, Briefe
309 Bernard Shaw, Handbuch des Revolutionärs
310 Adolf Nowaczyński, Der schwarze Kauz
311 Donald Barthelme, City Life
312 Günter Eich, Gesammelte Maulwürfe
313 James Joyce, Kritische Schriften
314 Oscar Wilde, Das Bildnis des Dorian Gray
315 Tschingis Aitmatow, Dshamilja
316 Ödön von Horváth, Kasimir und Karoline
317 Thomas Bernhard, Der Ignorant und der Wahnsinnige
318 Princesse Bibesco, Begegnungen mit Marcel Proust
319 John Millington Synge, Die Aran-Inseln
320 Bernard Shaw, Der Aufstand gegen die Ehe
321 Henry James, Die Tortur
322 Edward Bond, Lear
323 Ludwig Hohl, Vom Erreichbaren und vom Unerreichbaren
324 Alexander Solschenizyn, Matrjonas Hof
325 Jerzy Andrzejewski, Appellation
326 Pio Baroja, Shanti Andía, der Ruhelose
327 Samuel Beckett, Mercier und Camier
328 Mircea Eliade, Auf der Mântuleasa-Straße
329 Hermann Hesse, Kurgast
330 Peter Szondi, Celan-Studien
331 Hans Erich Nossack, Spätestens im November
332 Weniamin Alexandrowitsch Kawerin, Das Ende einer Bande
333 Gershom Scholem, Judaica 3
334 Ricarda Huch, Michael Bakunin und die Anarchie
335 Bertolt Brecht, Svendborger Gedichte

336 Francis Ponge, Im Namen der Dinge
337 Bernard Shaw, Wagner-Brevier
338 James Joyce, Stephen der Held
339 Zbigniew Herbert, Im Vaterland der Mythen
341 Nathalie Sarraute, Tropismen
342 Hermann Hesse, Stufen
343 Rainer Maria Rilke, Malte Laurids Brigge
344 Hermann Hesse, Glück
345 Peter Huchel, Gedichte
346 Adolf Portman, Vom Lebendigen
347 Ingeborg Bachmann, Gier
348 Knut Hamsun, Mysterien
349 Boris Pasternak, Schwarzer Pokal
350 James Joyce, Ein Porträt des Künstlers
351 Franz Kafka, Die Verwandlung
352 Hans-Georg Gadamer, Wer bin Ich und wer bist Du
353 Hermann Hesse, Eigensinn
354 Wladimir W. Majakowskij, Ich
356 Werner Kraft, Spiegelung der Jugend
357 Edouard Roditi, Dialoge über Kunst
359 Bernard Shaw, Der Kaiser von Amerika
360 Bohumil Hrabal, Moritaten und Legenden
361 Ödön von Horváth, Glaube Liebe Hoffnung
362 Jean Piaget, Weisheit und Illusionen der Philosophie
363 Richard Hughes, Ein Sturmwind auf Jamaika
365 Wolfgang Hildesheimer, Tynset
366 Stanislaw Lem, Robotermärchen
367 Hans Mayer, Goethe
368 Günter Eich, Gedichte
369 Hermann Hesse, Iris
370 Paul Valéry, Eupalinos
371 Paul Ludwig Landsberg, Die Erfahrung des Todes
372 Rainer Maria Rilke, Der Brief des jungen Arbeiters
373 Albert Camus, Ziel eines Lebens
375 Marieluise Fleißer, Ein Pfund Orangen
377 Bruno Schulz, Die Zimtläden
378 Roland Barthes, Die Lust am Text
379 Joachim Ritter, Subjektivität
384 Zbigniew Herbert, Inschrift
385 Hermann Broch, Hofmannsthal und seine Zeit
386 Joseph Conrad, Jugend
388 Ernst Bloch, Erbschaft dieser Zeit

445 H. E. Nossack, Pseudoautobiographische Glossen
447 Bertrand Russell, Wege zur Freiheit, Sozialismus, Anarchismus, Syndikalismus
448 Gennadij Ajgi, Beginn der Lichtung. *Gedichte*
450 Helge Pross / Karl W. Boetticher, Manager des Kapitalismus
451 Wolfgang Lempert, Leistungsprinzip und Emanzipation
452 G. F. Jonke, Die Vermehrung der Leuchttürme
453 Matthias Hartig / Ursula Kurz, Sprache als soziale Kontrolle
454 Psychoanalyse als Sozialwissenschaft. Mit Beiträgen von Lorenzer / Dahmer / Horn / Brede / Schwanenberg
455 Ernst Bloch, Pädagogica
456 Wilhelm Alff, Der Begriff Faschismus und andere Aufsätze zur Zeitgeschichte
457 Juan Maestre Alfonso, Guatemala
458 Alfred Behrens, Gesellschaftsausweis. SocialScienceFiction
459 Goethe u. a., Torquato Tasso. Regiebuch der Bremer Inszenierung
461 Edward Bond, Gerettet. Die Hochzeit des Papstes. *Zwei Stücke*
462 Peter Ronild, Die Körper. *Roman*
463 Hans Mayer, Der Repräsentant und der Märtyrer. Konstellationen der Literatur
464 Michael Kidron, Rüstung und wirtschaftliches Wachstum. Ein Essay über den westlichen Kapitalismus nach 1945
465 Bertolt Brecht, Über Politik auf dem Theater
466 Dietlind Eckensberger, Sozialisationsbedingungen der öffentlichen Erziehung
467 Doris von Freyberg / Thomas von Freyberg, Zur Kritik der Sexualerziehung
468 Walter Benjamin, Drei Hörmodelle
469 Theodor W. Adorno, Kritik. Kleine Schriften zur Gesellschaft
470 Gert Loschütz, Gegenstände. *Gedichte und Prosa*
471 Hans Scheugl / Ernst Schmidt jr., Eine Subgeschichte des Films, 2 Bde.
472 Wlodzimierz Brus, Funktionsprobleme der sozialistischen Wirtschaft
473 Franz Xaver Kroetz, Heimarbeit / Hartnäckig / Männersache. *Drei Stücke*
474 Vlado Kristl, Sekundenfilme
476 Neues Hörspiel. Essays, Analysen, Gespräche. Herausgegeben von Klaus Schöning

477 Tom Hayden, Der Prozeß von Chicago
478 Kritische Friedensforschung. Herausgegeben von Dieter Senghaas
479 Erika Runge, Reise nach Rostock, DDR
480 Joachim Hirsch / Stephan Leibfried, Materialien zur Wissenschafts- und Bildungspolitik
481 Jürgen Habermas, Zur Logik der Sozialwissenschaften. Materialien
482 Noam Chomsky, Die Verantwortlichkeit der Intellektuellen
483 Hellmut Becker, Bildungsforschung und Bildungsplanung
484 Heine Schoof, Erklärung
485 Bertolt Brecht, Über Realismus
487 Eberhard Schmidt, Ordnungsfaktor oder Gegenmacht. Die politische Rolle der Gewerkschaften
488 Über Wolfgang Hildesheimer. Herausgegeben von Dierk Rodewald
489 Hans Günter Michelsen, Drei Hörspiele
490 Bertolt Brecht, Trommeln in der Nacht. *Komödie*
491 Eva Hesse, Beckett. Eliot. Pound. *Drei Textanalysen*
492 Gunnar Myrdal, Aufsätze und Reden
494 Orlando Araujo, Venezuela
495 Über Paul Celan. Herausgegeben von Dietlind Meinecke
496 Walter Schäfer / Wolfgang Edelstein / Gerold Becker, Probleme der Schule im gesellschaftlichen Wandel. Das Beispiel Odenwaldschule
497 David Cooper, Psychiatrie und Anti-Psychiatrie
498 Dieter Senghaas, Rüstung und Militarismus
499 Ronald D. Laing / H. Phillipson / R. A. Lee, Interpersonelle Wahrnehmung
502 Wolfgang Emmerich, Zur Kritik der Volkstumsideologie
503 Anouar Abdel-Malek, Ägypten: Militärgesellschaft. Das Armeeregime, die Linke und der soziale Wandel unter Nasser
504 G. F. Jonke, Glashausbesichtigung
506 Heberto Padilla, Außerhalb des Spiels. *Gedichte*
507 Manuela du Bois-Reymond, Strategien kompensatorischer Erziehung
508 Gunnar Myrdal, Objektivität in der Sozialforschung
509 Peter Handke, Der Ritt über den Bodensee
510 Dieter Henrich, Hegel im Kontext
511 Lehrlingsprotokolle. Herausgegeben von Klaus Tscheliesnig. Vorwort von Günter Wallraff
512 Ror Wolf, mein famili. Mit Collagen des Autors
513 Wolfgang Fritz Haug, Kritik der Warenästhetik
514 Gefesselte Jugend. Fürsorgeerziehung im Kapitalismus
515 Fritz J. Raddatz, Verwerfungen
516 Wolfgang Lefèvre, Zum historischen Charakter und zur historischen Funktion der Methode bürgerlicher Soziologie

517 Bertolt Brecht, Die Mutter. Regiebuch der Schaubühnen-Inszenierung. Herausgegeben von Volker Canaris
518 Über Peter Handke. Herausgegeben von Michael Scharang
519 Ulrich Oevermann, Sprache und soziale Herkunft
520 Melchior Schedler, Kindertheater
521 Ernest Mandel, Der Spätkapitalismus
522 Urs Jaeggi, Literatur und Politik
523 Ulrich Rödel, Forschungsprioritäten und technologische Entwicklung
524 Melanie Jaric, Geh mir aus der Sonne. *Prosa*
525 Peter Bürger, Studien zur französischen Frühaufklärung
526 Herbert Brödl, fingerabdrücke. Schrottplatztexte
527 Über Karl Krolow. Herausgegeben von Walter Helmut Fritz
528 Ursula Schumm-Garling, Herrschaft in der industriellen Arbeitsorganisation
529 Hans Jörg Sandkühler, Praxis und Geschichtsbewußtsein
530 Eduard Parow, Psychotisches Verhalten
531 Dieter Kühn, Grenzen des Widerstands
533 Materialien zu Ödön von Horváths ›Geschichten aus dem Wienerwald‹
534 Ernst Bloch, Vom Hasard zur Katastrophe. Politische Aufsätze 1934–1939
535 Heinz-Joachim Heydorn, Zu einer Neufassung des Bildungsbegriffs
536 Brigitte Eckstein, Hochschuldidaktik
537 Franco Basaglia, Die abweichende Mehrheit
538 Klaus Horn, Gruppendynamik und der ›subjektive Faktor‹
539 Gastarbeiter. Herausgegeben von Ernst Klee
540 Thomas Krämer-Badoni / Herbert Grymer / Marianne Rodenstein, Zur sozio-ökonomischen Bedeutung des Automobils
541 Über H. C. Artmann. Herausgegeben von Gerald Bisinger
542 Arnold Wesker, Die Küche
543 Detlef Kantowsky, Indien
544 Peter Hacks, Das Poetische
546 Frauen gegen den § 218. 18 Protokolle, aufgezeichnet von Alice Schwarzer
547 Wlodzimierz Brus, Wirtschaftsplanung. Für ein Konzept der politischen Ökonomie
548 Otto Kirchheimer, Funktionen des Staats und der Verfassung
549 Claus Offe, Strukturprobleme des kapitalistischen Staates
550 Manfred Clemenz, Zur Entstehung des Faschismus
551 Herbert Achternbusch, L'Etat c'est moi
552 Über Jürgen Becker
553 Hans Magnus Enzensberger, Das Verhör von Habana
555 Alfred Sohn-Rethel, Geistige und körperliche Arbeit

556 Becker / Jungblut, Strategien der Bildungsproduktion
557 Karsten Witte, Theorie des Kinos
558 Herbert Brödl, Der kluge Waffenfabrikant und die dummen Revolutionäre
559 Über Ror Wolf. Herausgegeben von Lothar Baier
560 Rainer Werner Fassbinder, Antiteater 2
561 Branko Horvat, Jugosl. Gesellschaft
562 Margaret Wirth, Kapitalismustheorie in der DDR
563 Imperialismus und strukturelle Gewalt. Herausgegeben von Dieter Senghaas
565 Agnes Heller, Marxistische Theorie der Werte
566/67 William Hinton, Fanshen
568 Henri Lefebvre, Soziologie nach Marx
569 Imanuel Geiss, Geschichte und Geschichtswissenschaft
570 Werner Hecht, Sieben Studien über Brecht
571 Materialien zu Hermann Brochs »Die Schlafwandler«
572 Alfred Lorenzer, Gegenstand der Psychoanalyse
573 Friedhelm Nyssen u. a., Polytechnik in der Bundesrepublik Deutschland
574 Ronald D. Laing / David G. Cooper, Vernunft und Gewalt
575 Determinanten der westdeutschen Restauration 1945–1949
576 Sylvia Streeck, Wolfgang Streeck, Parteiensystem und Status quo
577 Prosper Lissagaray, Geschichte der Commune von 1871
580 Dorothea Röhr, Prostitution
581 Gisela Brandt, Johanna Kootz, Gisela Steppke, Zur Frauenfrage im Kapitalismus
582 Jurij M. Lotmann, Struktur d. künstl. Textes
583 Gerd Loschütz, Sofern die Verhältnisse es zulassen
584 Über Ödön von Horváth
585 Ernst Bloch, Das antizipierende Bewußtsein
586 Franz Xaver Kroetz, Neue Stücke
587 Johann Most, Kapital und Arbeit. Herausgegeben von Hans Magnus Enzensberger
588 Henryk Grynberg, Der jüdische Krieg
589 Gesellschaftsstrukturen. Herausgegeben von Oskar Negt und Klaus Meschkat
590 Theodor W. Adorno, Zur Metakritik der Erkenntnistheorie
591 Herbert Marcuse, Konterrevolution und Revolte
592 Autonomie der Kunst
593 Probleme der internationalen Beziehungen. Herausgegeben von Ekkehart Krippendorff
594 Materialien zum Leben und Schreiben der Marieluise Fleißer

595/596 Ernest Mandel, Marxistische Wirtschaftstheorie
597 Rüdiger Bubner, Dialektik und Wissenschaft
598 Technologie und Kapital. Herausgegeben von Richard Vahrenkamp
599 Karl Otto Hondrich, Theorie der Herrschaft
600 Wislawa Szymbroska, Salz
601 Norbert Weber, Über die Ungleichheit der Bildungschancen in der BRD
602 Armando Córdova, Heterogenität
603 Bertolt Brecht, Der Tui-Roman
604 Bertolt Brecht, Schweyk (im zweiten Weltkrieg). Editiert und kommentiert von Herbert Knust
606 Henner Hess / Achim Mechler, Ghetto ohne Mauern
607 Wolfgang F. Haug, Bestimmte Negation
608 Hartmut Neuendorff, Der Begriff d. Interesses
610 Tankred Dorst, Eiszeit
611 Materialien zu Horvaths »Kasimir und Karoline«. Herausgegeben von Traugott Krischke
612 Stanislaw Ossowski, Die Besonderheiten der Sozialwissenschaften
613 Marguerite Sechehaye, Tagebuch einer Schizophrenen
614 Walter Euchner, Egoismus und Gemeinwohl
617 Probleme einer materialistischen Staatstheorie. Herausgegeben von Joachim Hirsch
618 Jacques Hochmann, Thesen zu einer Gemeindepsychiatrie
619 Manfred Riedel, System und Geschichte
620 Peter Szondi, Über eine freie Universität
621 Gaston Salvatore, Büchners Tod
622 Gert Ueding, Glanzvolles Elend
623 Jürgen Habermas, Legitimationsprobleme im Spätkapitalismus
624 Heinz Schlaffer, Der Bürger als Held
625 Claudia von Braunmühl, Kalter Krieg und friedliche Koexistenz
626 Ulrich K. Preuß, Legalität und Pluralismus
627 Marina Neumann-Schönwetter, Psychosexuelle Entwicklung und Schizophrenie
628 Lutz Winckler, Kulturwarenproduktion
629 Karin Struck, Klassenliebe
630 Alfred Sohn-Rethel, Ökonomie und Klassenstruktur des deutschen Faschismus
631 Bassam Tibi, Militär und Sozialismus in der Dritten Welt
632 Aspekte der Marxschen Theorie 1
635 Manfred Jendryschik, Frost und Feuer, ein Protokoll und andere Erzählungen
636 Paul A. Baran, Paul M. Sweezy, Monopolkapital. Ein Essay über die amerikanische Wirtschafts- und Gesellschaftsordnung

637 Alice Schwarzer, Frauenarbeit – Frauenbefreiung
638 Architektur und Kapitalverwertung
639 Oskar Negt, Alexander Kluge, Öffentlichkeit und Erfahrung
640 Probleme des Sozialismus und der Übergangsgesellschaften. Herausgegeben von Peter Hennicke
641 Paavo Haavikko, Gedichte
642 Martin Walser, Wie und wovon handelt Literatur
643 Arzt und Patient in der Industriegesellschaft. Herausgegeben von Otto Döhner
644 Rolf Tiedemann, Studien z. Philosophie Walter Benjamins
646 H. J. Schmitt, Expressionismus-Debatte
647 Über Peter Huchel
649 Renate Damus, Entscheidungsstrukturen und Funktionsprobleme in der DDR-Wirtschaft
650 Hans Ulrich Wehler, Geschichte als Historische Sozialwissenschaft
659 Heinar Kipphardt, Stücke I
660 Peter v. Oertzen, Die soziale Funktion des staatsrechtlichen Positivismus
661 Kritische Friedenserziehung
662 Thesen zur deutschen Sozial- und Wirtschaftsgeschichte

663 Gerd Hortleder, Ingenieure in der Industriegesellschaft
664 Hans Setzer, Wahlsystem und Parteienentwicklung in England
665 Alexander Kluge, Lernprozesse mit tödlichem Ausgang
670 Peter Bulthaup, Zur gesellschaftlichen Funktion der Naturwissenschaften
671 Materialien zu Horváths ›Glaube Liebe Hoffnung‹. Herausgegeben von Traugott Krischke
672 Reform des Literaturunterrichts. Eine Zwischenbilanz. Herausgegeben von H. Brackert und W. Raitz
674 Monopol und Staat
676 George Lichtheim, Das Konzept der Ideologie
677 Heinar Kipphardt, Stücke II
678 Erving Goffman, Asyle
679 Dieter Prokop, Massenkultur und Spontaneität
681 M. Dubois-Reymond / B. Söll, Neuköllner Schulbuch, 2 Bände
682 Dieter Hoffmann-Axthelm, Theorie der künstlerischen Arbeit
683 Dieter Kühn, Unternehmen Rammbock
688 Evsej G. Liberman, Methoden der Wirtschaftslenkung im Sozialismus
689 Martin Walser, Die Gallistl'sche Krankheit
707 Franz Xaver Kroetz, Oberösterreich, Dolomitenstadt Lienz, Maria Magdalena, Münchner Kindl

Alphabetisches Verzeichnis der edition suhrkamp